ちくま新書

二重国籍と日本

国籍問題研究会 編
Study Group on Nationality Issues

1440

二重国籍と日本【目次】

序章　大坂なおみ選手が直面する国籍問題

――野嶋剛（ジャーナリスト）

†揺らいでいる「日本人」と日本国籍の関係

「日本人」は疑いようのない概念であるはずだった。

日本語を喋って、日本列島に暮らし、日本人的と想定されている外見。明確な「日本人」のすがたが存在していた。

海という天然の防壁に守られ、そこそこの面積と人口と経済力を有する島国は、外来民族の支配や侵略、大規模な移民流入などを経験したことがなく、「鎖国」と呼ばれる時代も長く続いた。アイデンティティや容貌が大きく異なる人々が、その共同体の中で暮らすことに、私たちは慣れる必要がなかったのだ。

その日本に国籍という概念が西洋経由で流れ込んできたのは、国際社会との接点を広げた明治維新以降のことだ。そのなかで導入された「国籍唯一の原則」という基本理念に支えられた日本の国籍法は、当時の日本人の感覚にも違和感なくマッチするもので、「日本人」と日本国籍の保有はたやすくイコールで結ばれた。

明治維新から一五〇年が経過し、日本の環境は大きく変貌した。交通や通信の簡便化で海外在住が一般化し、外国人の伴侶と結ばれることも増えた。目の前にいる「日本人」が日本国籍を持っているかどうか判別がつかないことも珍しくない。もちろん逆に「日本人」には見えない日本国籍の人もいる。「日本人」という概念があいまいになり、日本国籍者がイコールで「日本人」だという暗黙の了解も許されなくなっている。

強固なものであった「日本人」と日本国籍の関係が、揺らいでいるのである。二〇一九年四月から外国人労働者への門戸が過去にないほど広く開放されることにもなり、日本社会の国籍感覚がさらに問われる事態になっている。

そうした時代の変化を象徴するのが、女子プロテニス・大坂なおみ選手の華々しい登場である。

二〇一九年一月、南半球で真夏にあたるメルボルンの陽光を日々浴びながら、私は、全豪オープンの主会場であるロッド・レーバー・アリーナとマーガレット・コート・アリーナに通い詰めた。事前に当てずっぽうで購入したチケットが偶然、大坂選手の試合にドンピシャにハマる運もあり、三回戦から決勝までの全試合を見ることができた。

大坂選手が決勝まで上がって来るとは予想していなかった。特に三回戦までの戦いはかなり不安定で、精神的にも試合中に揺らぐことが多かった。振り返ると、最も敗北に近づいたのは第一セットを先取され、第二セットでも先にブレークを許した三回戦の謝淑薇《シェイスーウェイ》選手（台湾）との対戦だったかもしれない。準決勝のプリスコバ、決勝のクビトバの両チェコ勢選手との試合は、どちらもかなりの接戦ではあったが、勢いに乗る大坂選手の勝利の予感が漂っており、安心して観戦していた。

テニスの試合は、プレー自体を楽しむのなら、テレビの方をおすすめしたい。現場で観戦する楽しみの一つは試合前や試合後の雰囲気を感じられるところにある。特に試合後の勝利インタビューは見どころだ。大坂選手の試合後、観客はあまり席を立たない。インタビューを楽しみにしているからだ。ぐいぐいジョークを繰り出すわけではないのだが、会場のオーストラリア人たちは引き込まれていた。大坂選手の言葉には、過剰な飾り気がなく、それでいてユーモラスで、愛らしい。

大坂選手は長く日本で暮らしておらず、日本語も上手ではなく、外見も日本人的ではない。全豪オープンの開催中、日清食品のPRアニメで大坂選手の肌が実際より白く描かれていたことが問題となった。本人は記者会見で「私が褐色であることは明らか」と述べている。褐色が「tan」という単語を使うのを、大坂選手の発言で私は初めて知った。

大坂選手の取材対応は基本、英語で行われる。「褐色」の話のあと、「どうしてみんながこの件で騒いでいるのかよくわかる（I get why people would be upset about it）」と述べたのを「どうして騒いでいるのかわからない」と誤訳して報じたとして、日本メディアは厳しい批判にさらされた。大坂選手に「日本語で今の気持ちを語ってください」という質問を記者がすることも不満の標的になった。

日本人選手の活躍を取材するために海外に派遣される記者は、必ずしも英語が達者で海外取材に慣れているわけでもない。完全な英語力による取材を求めるのは、過去の「日本人の活躍を日本メディアが報じる」という構図に慣れていた業界にとっては酷なところがある。しかし、日本語が決して流暢ではない日本人選手への取材は今後も増えていくはずである。

†「謙虚さ」はハイチ出身の父親似

大坂選手の謙虚さは世界のファンから賞賛を浴びることが多い。個性派が多い選手のなかで、あまり自分をアピールしない姿がむしろ新鮮に見えるようだ。この点について、しばしば「日本人らしい謙虚さの持ち主」と海外メディアに紹介されることもあるが、実は大坂選手の父親でハイチ出身者の米国人、レオナルド・フランソワさんの、人前に出ることもあまり好まない性格から受け継いだもののようだ。母親の大坂環さんはむしろ勝気な性格だと言われている。すでにステレオタイプに「日本人」を論じる意味は薄れてきているようである。

大坂選手を例に挙げるまでもなく、最近、片方の親が外国の血統を有するハーフ（ダブル）の「日本人」が、スポーツやカルチャーの世界で活躍している。

サニブラウン・アブデル・ハキーム選手は二〇一九年、日本人として二番目になる一〇〇メートル一〇秒台の壁を越える九秒九七を記録した。サニブラウン選手はガーナ人の父親と日本人の母親との間に生まれた。幼いころから福岡で育ち、完璧な日本語を操るが、「日本人離れした身体能力」と評される才能を開花させ、二〇二〇年東京五輪のメダル候補に躍り出た。

さらに日本中を驚かせたのは、バスケットボール・八村塁選手のＮＢＡ（全米プロバスケットボール協会）一巡目指名であった。もちろん「日本人として史上初」と報じられた。八村選手は、西アフリカ・ベナン人の父と日本人の母との間に生まれ、富山県で育っている。二〇二〇年二月に二二歳の誕生日を迎える。ただ、八村選手の国籍については具体的に報じられていない。

米大リーグで活躍するプロ野球投手・ダルビッシュ有選手もいる。俳優や作家にも外国血統を有する才能は枚挙にいとまがない。米ニューヨーク進出を二〇一九年に決めたお笑いタレント・渡辺直美さんも、父は日本人、母は台湾人のハーフである。

日本社会は、彼らを「日本人」として受け止め、日本の代表として世界で活躍していることを喜んでいる。普通の日本人とは違っている彼らの血統はニュースのストーリーを彩ってくれる好ましいエピソードであって、ネガティブな要素にはなり得ない。

ところが、大坂選手の国籍については、全豪オープン優勝の前後から、にわかに注目を集めるようになり、ネットやメディアで活発な議論が今も交わされている。なぜなら、大坂選手の「タイムリミット」が間もなく訪れるからだ。

†二二歳までに選択を求める国籍法

両親の国籍を受け継いだ二重国籍の子供は、二二歳の誕生日までに、どちらかを選択することが国籍法で定められている（同法一四条一項）。そのため「大坂選手が日本か米国、どちらの国籍を選ぶのか」という問題において、全米・全豪オープン制覇の快挙に二〇二〇年の東京五輪での活躍への期待も加わり、一層の関心を集めたことは、ごく自然な成り行きとも言えるだろう。

大坂選手は、本書が刊行されて間もない二〇一九年一〇月一六日、二二回目の誕生日を迎える。父親の米国籍と母親の日本国籍の両方を有する日米二重国籍状態にあるとみられる大坂選手にとって、日本国籍を選ぶか、米国籍を選ぶか、決断のときとなる。

大坂選手は日本・大阪で生まれ、三歳のときに米国に移住した。父親のフランソワさんが来日して英語教師をしていたとき、母親の大坂環さんと出会った。大坂選手はテニスの腕を米国で磨き、いまも米国に拠点を置いている。

大坂選手がどちらの国籍を選ぶのか、すでに選んだのか、本書校了時点では確かな情報はない。週刊誌『サンデー毎日』二〇一九年九月八日号の大坂選手の国籍問題に関する記事では、大坂選手のマネジメント会社が同誌の取材に対し、大坂選手は「五輪に出場するために必要な手続きとして日本国籍を選択する」という内容を回答している。いずれにせよ、本来、国籍選択はプライバシーに属する問題である。「あなたの国籍は何ですか」という質問が、特定の個人に対して、公の場で問われるのは健全な事態とは言えないだろう。ただ、大坂選手の場合は、その国籍選択によって、彼女が東京五輪に日本代表として出るかどうかにかかわるという話になってくる。仮に日本国籍を捨てて、米国籍を選択した場合、大坂選手は日本代表としては五輪にも出られないからだ。いままでのように「大坂選手、日本人初のグランドスラム優勝」といった報道もできなくなる。

本来、この問題は、そこまで厳密に考えなくてもいい部分がある。現実には、日本のみならず、世界中に重国籍の選手が存在している。五輪について一つの国に選手登録して出場していれば、その選手が重国籍かどうかは問われることはない。国別対抗のデビスカップも同様である。ただ、一つの国の代表になることを選んだ場合、三年以上はその国代表で戦わなければならない。

逆説的に言えば、大坂選手は毎年の世界テニス四大大会でも、東京五輪でも、デビスカップでも、「日本選手」として活躍している限り、日本国籍を捨てていないことを立派に証明しているのである。一方、米国籍を離脱したかどうかは、本人が語らない限り、第三者が知り得ることではない。国籍法では、日本国籍を選択したあとに外国国籍の「離脱の努力」を求めているが、悩んでいても考えていても、離脱のための努力は継続しているという解釈もある。少なくとも、東京五輪での大坂選手の出場は、二重国籍のままでいても、スポーツ界のルール上は問題なさそうだ。

つまり、大坂選手が米国籍を持っているかどうかを問題にさえしなければ、我々が彼女に国籍を問いただす喫緊の理由は特に存在しないのである。

しかしながら、こうした微妙なところは世の中にはなかなか伝わりにくい。日本社会に「国籍は一つであるべきだ」という先入観が抜きがたく存在しているからだ。冒頭に紹介した「日本人＝日本国籍」という考え方とも深いところで結びついている。

本書の編者である私たち「国籍問題研究会」は、「国籍は一つ」「日本人＝日本国籍」というこれまでの「常識」がすでに時代おくれになっており、国籍法全般において「オーバーホール（総点検）」が必要とされているという問題意識を有している。

†「国籍を二つ持つのはずるい」という先入観

その点があらわになったのが、二〇一六年に起きた蓮舫・元民進党代表の二重国籍問題であった。「国籍問題研究会」はこの問題の展開に懸念を持った有志によって結成されたものだ。蓮舫氏のケースは本書の第Ⅰ部で包括的に論じていくので深くは触れないが、国籍問題をめぐる日本社会の誤解や、法律の後進性を改めて実感し、それが本書を世に問う動機にもなった。蓮舫氏問題は国籍問題における「黒船」の役割になり得るものだ。

蓮舫氏問題で広く見受けられた「誤解」の一つに、「国籍を二つ持っているのはずるい」「重国籍は違法なのですぐに解消するべき」という先入観があった。

日本には「国籍唯一の原則」があると書いたが、実際のところ、国籍法にそのような明文規定があるわけではない。一方で、理念としては国籍法自体の立法の趣旨に、国籍は一つであるべきだという考え方が反映されていることは、否定できない。

しかし、今日の日本の国籍法には、国民が複数の国籍を持つことを認める条文が存在している。たとえば、国籍法二条一項では、父母のどちらかが日本国籍であればその子どもは日本国籍を得るが、もう一方の親の国がやはり血統主義であれば、その子供は複数国籍を持つことになる。蓮舫氏のケースもまさにこの条項に当てはまる。

外国籍の人が日本国籍を取得する帰化手続きにおいても、ブラジルのように国籍離脱を認めない国があり、その場合はそのまま帰化を認めている。外交関係がない台湾について、台湾政府が発行する書類の有効性を認めない日本政府は、結婚や帰化などで台湾の中華民国国籍を取得した日本人に対し、日本国籍の離脱を認めていない。つまり、重国籍者が日本社会で現れることについて、日本政府は防止できておらず、逆に、その増加に対して、容認的な態度を取っているという現実がある。

大坂選手のような出生に伴う重国籍者は、国籍法上二二歳までに国籍選択を行うものとされる。日本国籍を選択をする場合は日本国籍の選択宣言を行う。そのあとは、外国籍の離脱の努力をするように求められている（国籍法一六条一項）。しかし、これは「努力」であり、いつまでに実現しなければならない、という規定はない。国は国籍選択を進めるよう「催告」もできるが（国籍法一五条一項）、過去に一度も催告したことはない。複数の国籍を有すること自体は、違法ではなく、国籍法上の義務違反があったとしても罰則がないので犯罪ではない。

蓮舫氏のケースでは、台湾の国籍を解消しないまま、国会議員になり、大臣を務め、最大野党の党首となったところに批判を受ける原因があった。国権に関わる仕事をする国会議員であり、同時に、首相の座も狙える党代表として日本以外の国籍を持つのは如何なものか、ということと、問題の発覚後に説明責任を果たさなかったという批判である。それは確かに一定の合理性を伴う国民感情を反映したものだったと、私は思う。

†法務省も事実上は二重国籍を容認

しかし、一般人の日本の重国籍者については、日本国籍を選択した人が実際に外国籍を離脱しているかどうかは把握されておらず、同時に、多くの人が選択宣言すら行っていない可能性が極めて高く、具体的問題も特に生じていないのである。

日本弁護士連合会が二〇〇八年に作成した「国籍選択制度に関する意見書」のなかの資料によれば、日弁連の質問に対し、法務省は、およそ五〇〇万人の国籍選択対象者のうち、選択を行ったのは五万一〇〇〇人であると回答している。単純計算だがおよそ一割にすぎない割合で、残りの九割の動向は把握されていないことになる。

これは、法務省の怠慢というのではなく、重国籍を容認していく国際的な動向にも配慮した柔軟な法的運用が行われていると見ることができる。

二〇一一年の国連調査によれば、加盟国一九六カ国のうち、他国籍を取得したときに原国籍の維持を認めているのは、七二％に達している。ヨーロッパ国籍条約一四条は、出生と婚姻により取得した国籍を当事者が保持できるよう締約国に求めており、日本の同盟関係にある米国も二重国籍の容認国だ。こうした状況に鑑み、法務省は二重国籍の出現を容認するという現実的な対応を取らざるを得なくなっていると見られる。

大坂選手は政治家ではない。プレーについて語っても、自らの国籍に対する説明責任はない。だからこそ、いつの日か、本人が自ら態度を決め、語りたいタイミングが来るまで「暗黙の了解」として待ってあげることが賢明な大人の対応ではないだろうか。それは大坂選手を特別扱いすることではまったくなく、重国籍状態を容認されているほかの人たちと平等に彼女にも接することなのだ。

大坂選手のような、生まれながらの重国籍者にとって、両親から受け継いだ二つの国籍は家族を結びつけるルーツとアイデンティティにかかわるものであり、それを法的に奪い取ることは人道的にも人情的にも忍びないことについては、社会的合意は形成できるのではないだろうか。この点については第六章「国籍をめぐる世界の潮流」で詳しく論じるが、外国籍を有する人に関し、忠誠心や国家の安全にかかわる部分は、高位の公職につけない、国会議員になれない、自衛隊に入れないなどの禁止事項のリストを作ればよく、そうした対応をとる国も珍しくない。

世の中のムードとして、現時点で二重国籍ですと大声では言いにくい雰囲気があるのは確かだ。だからこそ、彼女に急いで回答を迫るべきではない。彼女は日本の宝であり、世界の宝でもある貴重な人材だ。今後一〇年、一五年と「Winner is Naomi Osaka from Japan」というコールが世界で鳴り響き続けることを、最優先すべきである。

しかし、一方で、出生に伴って生じる重国籍の問題については、法務省をはじめ日本政府は、しっかりと法的整理をつけなくてはならない。重国籍者の出現や増加を容認しておきながら、対外的に重国籍の解消を強く求めるキャンペーンを展開している法務省のダブルスタンダードには疑問を感じる。

法的運用において、一般論では、グレーゾーンの存在は一概に悪いとは言い切れないところがあるが、こと「生来の二重国籍者」についてはグレーゾーンの存在があまりにも拡大していることから、グレーであるものを明確に「白」だとはっきりさせる法改正に動き出すか、少なくとも、対外的に「出生に伴う重国籍者については、日本政府は積極的に重国籍の解消を求めていない」と明らかにすべきである。

それは、日本と外国の両国籍を有するいわゆるハーフ人材の活躍の増加に伴って、日本社会が避けることはできない現在進行形の課題であるからだ。

†現実と齟齬をきたす国籍法の運用

現実と齟齬をきたしている国籍法の運用には、国民的な議論が必要であることは言うまでもない。一つ気になる事実は、日本国籍離脱者の増加である。ここでいう離脱者とは、日本と外国の重国籍状態から日本国籍を放棄した人のことを指している。

最新の法務省統計によれば、二〇一五年に五一八人だった離脱者は、二〇一七年に七七〇人、二〇一八年は九六二人になっている。一・八倍となった形で、蓮舫氏問題の影響で不安を感じ、日本国籍を放棄して外国籍を選んだ人が急激に増えている可能性がある。人口減に直面する日本において、重国籍に対するマイナスイメージを広げていくことによって、「日本」への門戸を自らが狭めていないか心配である。

人は親や出生地を選べない。ますます多元的になる社会で複数の国籍を持つ人は必然的に増えていく。ところが、蓮舫氏問題の結果、日本における国籍をめぐる議論はむしろ後退してしまった。本来なら、重国籍とはどのような問題で、国籍法のありようをからめて考える全体論と、台湾出身者の国籍問題をどう取り扱うのかという個別論を、切り分けながら論点整理し、冷静に議論を重ねて、コンセンサスを探し出す作業が必要だったのだ。

だがまだ遅くはない。今からでもその作業に、法務行政と民間の専門家、そして当事者が座を共にして取り組むことが、当事者や外国人に差別的だと受け止められかねない議論を排除し、日台ハーフを含めて、国家と国家の狭間に生きている人々が安心して暮らせる社会に日本を変えていく近道になるのではないだろうか。

本書は、そうした思いから、国籍問題に取り組む弁護士、研究者、ジャーナリストらが、それぞれの問題について論点をまとめた内容になっている。第Ⅰ部では蓮舫氏の二重国籍問題をめぐる議論から浮かび上がった状況を、メディア、法制度、台湾の地位などの観点から整理した。第Ⅱ部では、より広く問題を捉えて、国籍問題と国籍法をめぐって日本社会が直面する問題点や、日本より先に重国籍の問題に直面しているヨーロッパの事例を紹介している。たとえば、大坂選手のように生来の二重国籍とは異なるケースとして、結婚や仕事などを理由に自己の意思で外国籍を取得したとき、日本国籍を失うというケースがある（国籍法一一条一項）。これについても賛否両論があり、昨年、当事者による違憲訴訟が起こされた。その点もこの第Ⅱ部で詳述したい。そのうえで、二重国籍問題を含めた国籍法のあり方について、執筆関係者と国籍問題研究会メンバーの間でコンセンサスが得られた「提言」を終章でとりまとめることにした。

本書には書名も含め、「二重国籍」「重国籍」「複数国籍」の表記が存在しているが、基本的に各執筆者の用語使用の考えを尊重した。外国法の日本語訳については、『戸籍六法』(テイハン)の各年版に依拠した。参考文献は巻末にまとめて記載している。

第Ⅰ部　蓮舫氏問題を考える

第一章

メディアの迷走

――野嶋剛（ジャーナリスト）

†激しい議論になる国籍問題

日本社会において「国籍」はどこか空気に似ているところがある。普段、誰もその存在を問うことはない。パスポート（旅券）はあくまでも海外旅行・出張の道具に過ぎない。日本の旅券は世界トップレベルの便利さを誇っていることがしばしばメディアで取り上げられるが、国籍と絡めて論じられることはない。

ところが、いったん国籍問題について語り始めた途端、日本ではまるで内心に秘めた深い情念が露わにされるように激しい議論になることが珍しくない。「日本人として許せない」というような紋切り型の言葉が、世の中に溢れる。国籍に日本人は敏感だ。そのことを痛感させる出来事が、参議院議員・蓮舫氏の「二重国籍」問題であった。

日本において、国籍という問題が、ここまで社会一般の広い関心を集めたケースは過去になかったかもしれない。しかしながら、その議論の結果、私たちが正しい方向性を獲得し、さまざまな見解を集約させることができたかといえば、正反対の結果に終わったと言えるのではないか。蓮舫氏問題から私たちは何を反省し、何を学び、次にどう行動していけばいいのか、ほとんど明確な総括は得られていないように思える。それが、私たちが本書を出版する理由の一つでもある。この第Ⅰ部では、主に蓮舫氏問題に関するテーマを取り上げ、論点の整理に役立ててみたい。

台湾に絡むことがらを論じる場合、その用語の選択については慎重な検討が求められる。特に国籍問題についてはその必要性が一層高まる。本書では台湾の国籍については必要に応じて「中華民国籍」と表記している。現時点での台湾の正式な国名は中華民国であり、国籍問題の議論においては正式な名称を使う方が正確を期せると判断したからだ。日本において「中華人民共和国」と「中華民国」のどちらの出身者も戸籍上は「中国」と記載される。これは「二つの中国」を作り出さないための便宜的措置であるが、一般的に中国と書くと、中華人民共和国と受け止められてしまう。一方、「台湾国籍」と書くと別の問題を惹起しかねない。そのため本稿では、中華人民共和国と中華民国の区別が特に必要な場合は、両国名を明記する形での記載を心がけた。その他の一般的な表記では台湾としている。中華民国は普段、日本のメディアなどで使われない表記になっているが、私たちの表記が「一つの中国」をめぐる中国と台湾の紛争に対する特定の立場を示すものではない。

そのうえで、この章では、蓮舫氏の二重国籍問題の経緯を丁寧に振り返ると同時に、メディアや世論、法務省の動向を考えてみたい。

†バナナビジネスの一家

蓮舫氏は一九六七年一一月二八日に、台湾人の父親・謝哲信さんと日本人の母親・斉藤桂子さんとの間に生まれた。ほかに兄と弟がいる。蓮舫氏の父方の祖父は早くに亡くなった。祖母の陳杏村という人物は台湾バナナの対日輸出を一手に取り仕切った伝説的人物で、父親の謝哲信氏もそのビジネスを引き継いだ。蓮舫一家は幼少期から日本に拠点を置きながら、バナナの収穫期になると台湾に滞在する日台往来の生活を送っていた。

蓮舫氏の出生時、当時の日本の国籍法は父系血統主義を採用していた。そのため、蓮舫氏は中華民国籍になり、戸籍名も謝蓮舫であった。だが、一九八四年の国籍法の改正によって父系血統主義が両系血統主義となり、母親の国籍も同時に有することができるようになる。そこで蓮舫氏は、一九八五年一月二一日に届出により日本国籍を取得する。当時、蓮舫氏は一七歳だった。その時点で、日本国籍と中華民国籍の両方を持つことになり、本来ならば二二歳の誕生日までに国籍選択を行うことになっていた。

蓮舫氏のメディアなどに対する説明によれば「父親が台湾の国籍を放棄する手続きを行っていた」と思い込んでいたため、国籍選択を行っていなかった。そのため、当然、日本と中華民国の二重国籍状態にあったことになる。故意ではなく不注意だったとする蓮舫氏の言葉を信じるかどうかは読者の判断に任せたい。ただ蓮舫氏がその後、日本で日本国籍保持者として生活するにあたり、中華民国籍の保持があっても、日本国籍を有する人間として結婚その他の行政手続きにおいて、何ら不便となるところはなかっただろう。

中華民国籍のことを問題提起されることもなかったはずである。国籍というのは不思議なもので、海外渡航などの時に旅券という証明書によって人の属性を確認することはできても、その人物が一体何種類の国籍を持っているか検証するすべはない。それは国籍事務が各国の主権に属するため、その保有の事実を国際間で確認することが事務的に困難であるからだ。また、日本の法務省も国籍選択の「催告」は行っていない。

世界において、重国籍状態にある人々が、複数の旅券を使い分けているのは周知の事実だ。その人々は自覚的な重国籍者である。しかし、蓮舫氏は二二歳になったあとは台湾へ中華民国旅券で入ったことはないと述べている。家族の国籍について知悉《ちしつ》しているはずの父親が亡くなったのは蓮舫氏が二〇代のときだ。のちに蓮舫氏が三〇代で国会議員になるとき、もしも父親が存命であれば何らかのアクションがあったかもしれないが、片方の親が亡くなったあと、その家庭と亡くなった方の親の国とのつながりが急速に薄れることはハーフ（ダブル）の家庭でしばしば見られる現象である。

蓮舫氏は成人後、日本人ジャーナリスト・村田信之氏と結婚し、戸籍上は村田蓮舫となり、キャスター・政治家としての通用名は蓮舫を使っていた。一方、台湾において残されていた中華民国籍上の名前は謝蓮舫のままであったので、蓮舫氏は「蓮舫、謝蓮舫、村田蓮舫」の三つの名前を有していたことになる。

†「アゴラ」八幡和郎氏のコラムが火付け役

民進党の代表選挙へ出馬する蓮舫氏に対し、言論プラットフォーム「アゴラ」で評論家の八幡和郎氏が八月一一日、「台湾から帰化した蓮舫が首相になれる条件」と題したコラムを発表。八幡氏は「アゴラ」で連日のように蓮舫氏攻撃のコラムを書き、さらに八月三〇日には夕刊フジでも「蓮舫氏は「将来の宰相」として適格か　民進党は〝身体検査〟すべきではないか」と題したコラムも発表した。

ここまではネット・非大手メディアでの情報拡散にとどまっていたが、九月一日、産経新聞のインタビューで中華民国籍の有無を問われた蓮舫氏が非常にシンプルな問題であるにもかかわらず、「すいません、質問の意味がわかりません」と逃げを打つような形であいまいに答えることで、かえって人々の注意を逆に引くことになった。八幡氏も、あらかじめ二重国籍の確証を摑んでいたわけではなく、「怪しい」と睨んで疑問提起を続けたところ、主流メディアが代表選に絡んで質問で取り上げることになって実態が表面化するという、ウェブ時代らしいニュースの展開となった。

九月三日、読売テレビに出演した蓮舫氏は「私は生まれたときから日本人です。（台湾の）籍を抜いています」「一八歳で日本国籍を選びました」と説明した。このあたりから、蓮舫氏は問題の深刻さをようやく理解するに至ったようで、九月六日の会見では、中華民国籍の有無について、台湾側に確認をしていることを明らかにした。

通常、国籍の照会はそれなりに時間がかかるものだが、台湾側も政治的に急を要する案件であると考えたのだろう。蓮舫氏の照会から一週間という異例のスピードで、台湾の大使館にあたる台北駐日経済文化代表処から中華民国籍を有していることが蓮舫氏に伝えられた。ここで蓮舫氏の二重国籍状態が確定することになった。

日本の公職選挙法において、国会議員は日本国籍を有していれば立候補でき、重国籍者を排除する規定はない。これは、重国籍であることが判明して辞職者が相次いだオーストラリアほどは厳格に規定されていないためだ。そもそも立法の際に重国籍者の立候補を想定していなかったことに起因すると思われる。

しかし、蓮舫氏の立場は首相候補にもなりうる野党第一党の党首である。蓮舫氏自身が「一般人よりも高いモラルが求められる」と認め、一三日、蓮舫氏は世論の批判に応える形で会見して謝罪し、中華民国籍からの離脱手続きを進めていることを明らかにした。

この問題が特殊であったのは、蓮舫氏の国籍問題への対応が、民進党代表の候補者選びのプロセスと同時に進んだことだった。一三日は代表選の党員・サポーター票の締切日に当たった。蓮舫氏はそのまま党代表への立候補を継続し、一五日の国会議員の投票を経て、前評判どおり、圧倒的多数で対立候補の前原氏らを破って当選した。この時点では、二重国籍問題は蓮舫氏の政治的評価にそれほど大きな影響を与えていなかった。

†外国国籍喪失届は不受理

一方、当選後の九月二三日に台湾から国籍喪失が認められると、蓮舫氏は九月二六日、目黒区役所に台湾の「国籍喪失許可証書」(日付は喪失届を出した九月一三日となっている)とともに外国国籍喪失届を提出した。ところが、これが不受理となるのである。蓮舫氏が公開した不受理証明書によれば「受理しない理由」は「添付された書面が戸籍法第一〇六条第二項の書面に該当しないため」とされている。蓮舫氏に対しては、同項が求める「外国の国籍の喪失を証すべき書面」には該当しないという説明がなされた。これは日本が台湾（中華民国）を国家承認していないことによる措置である。

そのうえで、法務省は蓮舫氏に対し、「台湾出身者については、日本国籍の選択の宣言の手続きにより日本国籍を選択することになる」という行政指導を行い、蓮舫氏は国籍選択宣言の届出を行って一〇月七日に受理されるという経緯をたどった。

こうした経緯は、それから九カ月が経過した二〇一七年七月に行った会見で、蓮舫氏が、台湾政府発行の喪失許可証書や、戸籍謄本の公開とともに明らかにしたものだ。この時点では代表ポストの継続のため、自らの潔白を示す意味合いの強い会見だったが、蓮舫氏は会見から一〇日後に民進党代表の辞任を表明した。蓮舫氏は辞任会見で二重国籍問題が原因になったことを否定した。確かに、「選挙の顔」として期待された党代表への起用にもかかわらず、直前の都議選で敗北するなど目立った効果を見せないことによる求心力の低下は深刻だった。しかしながら、トップとしてのスタートからケチがつき、その火がくすぶり続けることで党代表として力を十分発揮できなかったという経緯を考えれば、二重国籍問題と蓮舫氏の党代表の辞任は決して無関係とは言えないであろう。

蓮舫氏の慌ただしい党代表就任と退場は、その後の民進党の分裂、枝野幸男氏を党首とする立憲民主党の台頭という野党解体・再編の引き金になる。その意味で、蓮舫氏の国籍問題は日本政治史上にも無視できない影響を与える事件となった。

†相次ぐ記事訂正の異常事態

前述のように、今回のケースはネットメディア主導の問題提起に、主流メディアが後追いする展開をたどったのだが、際立ったのが、主流メディアが次々と訂正という異常事態を繰り返したことだった。訂正は目立つ形では行われないのがメディアの常だ。多くの読者がその訂正にすら気づいていなかった。だが、メディアの内部論理では、後追いだけでも格好が悪いのに、さらに訂正となっては、現場の記者たちの士気も上がらない。

蓮舫氏問題における主流メディアの報道は総じて低調であり、その一因はこの訂正にあった面も否めない。複雑すぎる問題なのであえて手を出したくないという心理である。

これらの訂正については、おもに二つの原因があると考えられる。一つは国籍法の運用を任されている法務省が不正確な情報を発信し、報道をミスリードした疑いである。もう一つは、メディア自身の不勉強や理解不足だ。今回の相次ぐ訂正は、結論としていえば、この二つの原因が合わさって起きたものだ。まずは訂正の内容を見てみたい。

ネットメディアを震源地に火がついた蓮舫氏の国籍問題だが、党代表の選挙にも影響しかねない状況になると、主流メディアも相次いで報じ始める。

時事通信は二〇一六年九月七日、「「台湾籍」問題が波紋＝蓮舫氏、揺れる説明　民進代表選」という記事を配信した。ところが九月一三日に事実上その訂正記事にあたる「「二重国籍」か判断避ける＝蓮舫氏問題で法務省」という記事を配信している。

九月七日の記事において、時事通信は「日本政府の見解では、日本は台湾と国交がないため、台湾籍の人には中国の法律が適用される。中国の国籍法では「外国籍を取得した者は中国籍を自動的に失う」と定めており、この見解に基づけば、二重国籍の問題は生じない」と報じていた。しかし、九月一三日の記事においては、「法務省の担当者は（中略）蓮舫氏のケースで「外国政府」が台湾当局と中国政府のどちらを指すかは特定しなかった」と書いている。参考までに、以下が九月一三日の記事全文である。

「民進党の蓮舫代表代行が、日本国籍取得後も台湾（中華民国）籍が残っていたことを認めた問題で、国籍事務を管轄する法務省は、「二重国籍」に当たるかどうか判断を避けている。日本と台湾の間に国交がなく、今回のようなケースに台湾と中国（中華人民共和国）のどちらの法律を適用するかが定まっていないためだ。台湾の「国籍法」は、台湾籍を放棄するには台湾当局の許可を必要としているが、蓮舫氏はこの手続きを取っていなかった。

一方、中国の国籍法は、外国籍取得の時点で自動的に中国籍を失うと定めており、中国の法律に従えば二重国籍の問題は生じない。法務省の担当者は一三日、「実際に外国籍があるかどうかは、その外国政府が判断すべき事柄だ」と指摘する一方、蓮舫氏のケースで「外国政府」が台湾当局と中国政府のどちらを指すかは特定しなかった。日本は一九七二年に中国と国交を正常化し、台湾と断交。同年の日中共同声明では「日本政府は、台湾が中国の一部とする中国の立場を尊重する」と明記した。その後も日台間の人的往来、交易は続いている」(傍点は筆者)

この訂正から推測しえるのは、一三日に法務省の担当者から何らかの働きかけが時事通信に対して行われた、ということである。それが時事通信の誤報を修正するものなのか、あるいは、法務省の軌道修正を示すものなのかは、この記事だけではわからない。

次に毎日新聞を見てみよう。二〇一六年九月一三日、「蓮舫氏「台湾籍残っていた」会見で陳謝「二重国籍」問題」を出しているが、そのわずか三日後の九月一六日に「法務省「台湾出身者には日本の国籍法適用」」という事実上の訂正記事を報じている。

毎日新聞の九月一三日の記事では「日本政府は台湾を国として承認しておらず、台湾籍の人には中国の法律が適用されるとの見解を示している。中国の国籍法では「外国籍を取得した場合は中国籍を自動的に失う」と規定。蓮舫氏はこの見解に基づき、「違法性はない」と強調した」と書いている。蓮舫氏自身も、中華人民共和国の国籍法が適用されるので、二重国籍にはあたらないとの見解だったと述べている。蓮舫氏から私自身も直接、そうした説明を法務省から受けたということをはっきり聞いた。

　ところが、九月一六日の記事は、法務省が毎日新聞に対して報道内容の修正を求める説明を行ったことをうかがわせる内容になっている。

「法務省は一五日、「国籍事務において、台湾出身者の人に中国の法律を適用していない。日本の国籍法が適用される」との見解を明らかにした。一三日の毎日新聞の取材に対し、同省民事一課の担当者は「台湾は中国として扱う」などと説明していた。こうした点について、同省幹部は「言葉足らずの面があったが、中国の国籍法を日本政府が適用する権限も立場にもない」との見解を強調した。毎日新聞は「日本は台湾を国として承認していないため、台湾籍の人には中国の法律が適用される」と報じてきましたが、誤りでした」としており、記事に誤りがあったとする事実上の訂正記事を出している（傍点は筆者）。

　時事通信以上に毎日新聞からは、かなり具体的にその経緯が浮かび上がってくる。つまり、法務省は「台湾は中国として扱う」ので、二重国籍の問題は生じない、と示唆していたと毎日新聞の記事は記しているのだ。

†日中台の複雑な関係

蓮舫氏の問題のなかで、台湾の地位をめぐるややこしい部分が、日本社会の問題理解を妨げている面があったので、簡単に説明しておきたい。

日本は中国と戦争を戦い、敗北の結果、台湾を放棄した。その際、戦勝国となった中華民国が台湾を接収し、終戦後に日本と外交関係を結んだ「中国」国家も中華民国であった。事態を複雑にしたのは、そのとき中華民国の実態はすでに中国大陸になく、台湾に逃げ延びており、かわりに中国大陸で覇権を握ったのは中華人民共和国であったことだ。

日本は一九七二年に中華人民共和国と国交を結び、中華民国と断交する。しかし、中華民国という実体は台湾に存在しているため、日本は法的には「中国」という大きな枠のなかに中華人民共和国と中華民国の両方を入れることで整合性を保つことにした。

戸籍などはこの方法で問題はないのだろうが、実際の法運用において、中華人民共和国の法律が適用されるのかどうかは、台湾出身者にとっては自らの人身安全にもかかわる極めて大きな問題だ。そして今回、蓮舫氏問題の対応において、法務省は途中まで中華人民共和国の法律が台湾出身者に適用されると説明しながら、あとから趣旨を変更した可能性がある。

メディアの報道と法務省の対応について、さらに朝日新聞のケースも見てみたい。

二〇一六年九月八日、朝日新聞は「蓮舫氏の台湾籍放棄　何が問題なの？　論点を整理」という記事を出した。今回の蓮舫氏の国籍問題について、報道機関の取り組みはあまりにも弱いところがあった。そのなかで、この朝日新聞の記事自体は難解な国籍問題について、読者に対して冷静な判断基準を提供しようと書かれたもので、メディアの良識が発揮されたものとして評価できる内容であった。

記事にはこのように書かれている。

「日本政府は台湾と国交がないため、日本国内で台湾籍を持つ人には、中国の法律が適用されるとの立場をとる。中国の国籍法は「外国に定住している中国人で、自己の意思で外国籍を取得した者は、中国籍を自動的に失う」などと規定。中国法に基づけば、蓮舫氏が日本国籍を取得した八五年の時点で、中国籍を喪失したという解釈が成り立つ余地がある」

しかし、二〇一六年九月一六日に朝日新聞は「国籍めぐる事務、法務省見解示す」という記事を出している。以下がその全文である。

「民進党の蓮舫代表の台湾籍で注目を集めた国籍事務について、法務省は一五日、記者団に対して「台湾出身者に中国の法律を適用していない」などとする見解を示した。朝日新聞など複数のメディアが法務省への取材に基づき、日本政府は台湾と国交がないため、台湾籍を持つ人に中国の法律が適用されるとの立場をとるなどと報じたことから、日本在住の台湾出身者に不安が広がっているとして、法務省はこの日、「言葉が足りなかった」などと改めて説明した。ただ、日本の国籍事務では、台湾を「『中国』として扱っている」とした。朝日新聞は、蓮舫氏の台湾籍について、「中国法に基づけば、日本国籍を取得した八五年の時点で、中国籍を喪失したという解釈が成り立つ余地があるとしたが、喪失するかどうかについて法務省は判断しないという」としている。

ここで注目するべきは「台湾籍を持つ人に中国の法律が適用されるとの立場をとるなどと報じたことから、日本在住の台湾出身者に不安が広がっている」と述べていることだ。実際、私が法務省に確認したところ、在日台湾人から抗議や問い合わせがあったようだ。確かに、日本に暮らしている台湾の人々に中華人民共和国の法律が適用されるということになってしまうと、何か日本で法的問題が起きた時に送還される先は台湾ではなく中国になってしまうという印象を与えかねない。現実にこうした問題は日本以外でしばしば起きていて、アフリカなどでの台湾人の逮捕者がまず大陸に送還されてしまうケースがある。台湾からも日本政府に懸念が伝えられ、日本の外務省から法務省にその情報が寄せられたことも、私の関係者への取材の結果、判明している。

ここまでの検証で明らかになったのは、法務省から記者たちに対して、九月中旬の時点で一斉に「軌道修正」のコメントが行われた、ということだ。このほか、日本経済新聞も、同じ経緯で記事の趣旨の変更を行っており、ほぼ間違いないだろう。これは非常に重要なポイントで、もしも蓮舫氏のケースが中国法の適用によって「問題なし」となってしまうと、国籍問題自体を論じても意味がないことになってしまう。

†法務省は「言葉足らずだった」

私は、こうした経緯について、法務省民事局民事第一課に赴いて、同局幹部の同席のもと聞き取りを行った。その要点は以下のとおりである。

――各社に訂正記事が出た経緯を教えて欲しい。

法務省（以下同）「九月七日前後ぐらいからいろいろな記事で台湾の人に我々が独自に中華人民共和国法によって国籍喪失をさせているかのような報道があったので、九月一四日、法務省の記者クラブに記者レクを行って、「我々は日本の国籍法を所管しており、外国の国籍を我々が判断はできない」と説明し、「台湾出身の方に中華人民共和国国籍法を適用していません」という発表文もクラブに投げ込んだ」

――九月一四日にレクをした理由は何でしょうか。

「それまでも個別に説明はさせてもらいましたが、見解の相違もあり、一四日にレクを開きました。そのあとは法務省が一方的に国籍を決めているような報道はなくなりました」

――各社ともほぼ同じように「台湾出身者に中国の法律が適用される」と書いているので、法務省から最初の段階で誤った説明があったのではないでしょうか。

「『台湾の方の戸籍事務をどう扱っているのか』と聞かれると、我々は「中国」と書いてもらっていますと回答します。そのとき、取材の方は中国が中華人民共和国のことだと受け取ったと思います。それとは別に、中華人民共和国の国籍法について、質問があったとき、（同法第九条の）自動喪失の規定があると聞かれれば、それはそうですねと答えています。そこで中国と台湾との関係を十分に理解してもらうのに、言葉足らず、説明が不十分だったのかもしれないというのはあります」

――蓮舫議員も筆者の取材に対して、同様の説明を法務省から受けたと述べています。

「蓮舫議員に個別にどう対応したかはお話しできないが、記者の方から取材されたときと同じようにお答えしています」

――法務省が途中で法解釈を変えたということではないのですか。

「我々は日本の国籍法を所管しているだけで、何処かの国の人に外国の法律を適用して国籍があるとかないとかを決める権限はありません。外国の国籍の有無を我々が判断できるような報道が続いていたので、そうではないと説明させてもらいました」

†納得できない説明

隔靴掻痒《かっかそうよう》のやりとり、という感は否めない。どの国の外国籍かどうか判断できないというが、帰化の際には、それぞれの申請者からもともと持っていた国籍の離脱証明を提出させているのだから、法務省が外国籍について一切判断をしていないとも言い切れないのではないか。それでは帰化制度そのものが揺らいでしまうだろう。

最も不思議であるのは、どうしてどのメディアも同じように「誤解」したのかという点だ。通常、見解の違いで報道のニュアンスや表現に食い違いが生じることは珍しくないが、各メディアがそろって同じように誤解するというのはありえない。それは法務省から、はっきりと同じロジックで語られていたためである可能性が高いと私は思う。だからこそ「言葉足らずだった」という半ば自らの非を認めるコメントになるのである。メディアも「訂正」を出していないのはこれが法務省側のミスとみなしたからだ。記者のミスであれば明確に「訂正」を出すというのが昨今の風潮である。

はっきりしているのは、法務省が自らの説明に基づいているとされて行われているメディアの記事内容に強い危機感を抱いた、ということだ。止むに止まれず、一四日に記者レクを開き、さらに念を押して、法務省記者クラブにペーパーの投げ込みまで行っている。長年記者生活を送ってきた人間のカンでは、このとき、法務省は何らかの政治的な「要請」を受けていたように思えてならない。だとすれば、その「要請」は何だったのか。

実は、法務省が対外的に「台湾出身者にも中華人民共和国の国籍法が適用される」といった説明をこれまで行ってきたことは、法務省関係の刊行物からも明らかになっている。第二章で詳述しているが、二〇一六年発行の『戸籍時報　No.741』は、法務省民事局民事第一課職員の名義で台湾人女性の日本国籍取得のケースについて「Cさん（＝台湾人女性、筆者注）の国籍の判断に当たっては、中華人民共和国国籍法が適用される」と書いている。

中華人民共和国法が適用されれば、蓮舫氏の二重国籍問題はそもそも成立しないことになるので、それを望まない安倍政権から、従来の解釈を変更するよう、法務省に圧力がかかった可能性は考えられないだろうか。野党・民進党の党首になった蓮舫氏はスター性があり人気も高い。このまま問題が悪化していく方が与党・自民党にはメリットが大きい。あくまで事実を積み重ねたうえでの推論ではあるが、法務省の一連の状況に対する説明は矛盾に満ちており、そうでも考えないと辻褄が合わない。

メディアが「誤解」するような説明を行ったのかについては、法務省は「言葉足らずだった」などとしか答えない。各メディアに対しても私は本件に関する質問を送ったが、どの社からも「個別の取材内容に関する質問にはお答えしていない」という回答しか返ってこなかった。しかしながら、各社の報道がほぼ一致して「台湾出身者には中華人民共和国の国籍法が適用される」ということを前提に記事を最初の段階で書いており、その後、ほぼ同時に訂正報道を行っていることから判断すれば、かなり具体的な形で、台湾出身者と中華人民共和国の国籍法を結びつける説明が、法務省からメディアに対して行われたと見て間違いはないだろう。通常、こうした微妙な法解釈について、法務省が誤解を受けるような説明を対外的に行うことは考えにくい。

†ミスリードで問題を煽ったのは誰か

法務省の首を傾げたくなる対応はその後も続いた。正確な情報提供を適宜行うことがなく、むしろミスリードすることによって、世論の反発を煽っていたと思えるところだ。二〇一六年一〇月一九日、法務行政の最高責任者である金田勝年法務大臣による以下の発言が行われた。

「一般論として、台湾出身の重国籍者については、法律の定める期限までに日本国籍の選択の宣言をし、これは国籍法第一四条第一項、従前の外国国籍の離脱に努めなければならない、これは国籍法第一六条第一項ということになります。期限後にこれらの義務を履行したとしても、それまでの間は、これらの国籍法上の義務に違反していたことになります。この点について説明を求められた場合には、同様の説明をすることになります。（中略）事柄の性質上、この問題は御本人がしっかりと説明していくべきであると考えます。法務省としても、重国籍解消の必要性を引き続き、適切にアピールしていきたいと考えています」

この発言を聞いた人は、蓮舫氏が「国籍法に違反していた」と素直に受け止めたのではないか。「義務の違反」と語っているが、そこまで注意が及ぶ人間は少ない。

実際、この金田大臣発言を受けて、日本テレビは「蓮舫氏〝二重国籍〟は「違法状態」金田法相」（二〇一六年一〇月一八日）と報じている。しかし、前述のように、法定年齢の二二歳に達していても、国籍選択を行っていないと見られる重国籍者の数は相当数に達しており、これに対して法務省は解消に向けた特段の措置は取っていない。しかし、日本テレビは「蓮舫氏の場合、違法状態が二〇年以上続いていたことになり、更なる説明が求められそうだ」と報じたほか、朝日新聞も金田大臣発言について「二二歳以降の約二七年間、違法でなかったかどうかが問われそうだ」と書いている。あたかも蓮舫氏の状態が突出しているかのような印象を与えかねない、バランスの欠けた内容となっている。

法務省として「重国籍解消の必要性を引き続き、適切にアピールしていきたい」と述べるならば、現実には重国籍解消に向けた努力を果たしていない現状についても、明確に説明すべきだというのは、子どもでもわかるような理屈である。このような金田大臣の発言は、生まれながらにしての重国籍者に対して、事実上重国籍を容認している法務行政の現状を棚に上げた不当な発言であったのではないだろうか。

そこに政治的な思惑が存在したとは信じたくないが、その前の法務省の不可解な解釈変更も含めると、一連の経緯には蓮舫氏の「失策」をより大きくフレームアップしたい何らかの政治的意図が働いた可能性がやはり脳裏に浮かんでしまう。

†ちぐはぐなメディア

「二重国籍」問題に関する大手メディアの訂正報道はその後も続いた。朝日新聞による前述の「重国籍、なにが問題？　解消手続きは？　民進党・蓮舫代表、戸籍情報開示」という記事では、日本の国籍法が、いずれかの国籍を選択するように求めていることを「努力規定」であると書いているが、後に「誤りでした」と訂正した。

これは国籍法一四条が「いずれかの国籍を選択しなければならない」としていることに基づいたもので、国籍法一六条の日本国籍の選択宣言のあとの外国籍離脱についての努力規定と混同した記述になっていた。国籍選択制度については法律の素人にとってはいささか難しく、間違えて書いてしまう記者には同情する部分もある。しかし、法務省のHPなどでは丁寧に説明されているので、やはり言い訳は難しい。

一方、言論プラットフォーム「アゴラ」を中心に展開された蓮舫氏への批判は各メディアにも転載され、世論に大きな影響力を持った。蓮舫氏問題においては、繰り返しになるが、ネットが議論をリードし、大手メディアが追随する形になっており、私の印象では、この問題における主戦場は初めから終わりまでいい意味でも悪い意味でもネットであった。私も、渦中の蓮舫氏にインタビューを行っており、その経緯に対する説明をヤフーニュースに掲載された長文記事のなかで引き出している。

結果として、当時の批判がある部分で沈静化する役割を果たしたと一部では受け止められたようだが、それはジャーナリズムの務めとしてニュースの当事者の主張を伝えたに過ぎない。

だが、総じてみれば蓮舫氏への批判は正当なのか、国籍法はこのままでも良いのか、といった点に本腰を入れて取組む動きは乏しく、一方の批判側の声は大きく、執拗で、荒っぽいものが目立った。

「アゴラ」で二〇一六年一〇月一七日に配信された八幡和郎氏「タレント蓮舫の詐欺的行

為の数々は許されるのか」というコラムでは、「民進党の蓮舫代表は、これまで国籍選択をしなかった、つまり、日本籍と中国籍（台湾籍）のあいだで日本という国を祖国として選ぶことを示すいかなる行為もしたことがないことを明らかにした」と批判している。

しかしながら、蓮舫氏は一七歳のときに父親と一緒だったとはいえ、日本国籍を取得するという行為を行っていた。二二歳のときに国籍選択は行っていなかったが、それをもって「詐欺的行為」と断ずるのはいかがなものだろうか。「過去に二重国籍であることを積極的にＰＲしてきた」とも八幡氏は書いているが、台湾出身であることを自身の国際性を示す材料としてタレント時代に語ったことはあったかもしれないが、「積極的にＰＲ」に使ったような事実は蓮舫氏の過去の言動で確認できなかった。

また同じく「アゴラ」では、池田信夫氏が、蓮舫氏が戸籍を公開した会見について「蓮舫代表は国籍離脱について嘘をついている」とのコラムを載せて、「パスポートが一九八四年に失効していたら二〇一六年に国籍喪失の手続きはできないし、国籍喪失できたとすれば有効なパスポートをもっていたことになる。これは絶対《ママ》絶命の二律背反だが、ただ一つ明らかなことがある：彼女は嘘をついているということだ」と書いている。しかし、台湾政府は期限切れのパスポートでも最終更新版のものならば喪失手続きを受け付けている。そもそも旅券の有無と国籍の有無が別問題であることは常識に属することではないだろうか。

このように、事実と推測を混在させた蓮舫氏批判は、長期にわたって各方面で展開された。月刊『WiLL』二〇一七年三月号で評論家・深田萌絵氏は「蓮舫さん、あなたはいったい何者なの!?」とする論考を掲載し、「ネット民の間では「蓮舫は中国国籍も隠していて、実は三重国籍ではないか」という憶測まで浮上する始末です」と書いて、蓮舫氏が中国寄りで日本への忠誠心に欠けている恐れがあることを深く匂わせた。

深田氏は文中で「あなたは野党第一党の党首です。日本国民による選挙で民進党が政権を握れば、日本国を代表する総理となられる方です。「あなたはいったい何者なのか」という国民の疑問に答える義務があるはずです」と詰め寄っているが、蓮舫氏が中華人民共和国籍であるという事実関係を証明するものを提示せず、ネットのうわさ話に基づく論理で「国民の疑問に答えろ」とは言いすぎであろう。

一方、「何十年も昔のことで政治家の資質を問うのはおかしい」「二重国籍の人が国会議員になっても問題ではない」などとする擁護論もあれば、「戸籍謄本を開示する彼女の行為は出自に対する差別行為を助長するものだ」と戸籍の開示要求に対する批判もあった。

蓮舫氏の案件は、人権問題の要素もはらみながら、国籍法の問題、台湾出身者の問題、戸籍開示の問題、日本社会の右傾化・排外主義への批判など論点が拡散してしまい、議論に収拾がつかないまま、蓮舫氏の党代表の辞任をもって収束していった感が強い。批判勢力も、党代表でなくなってからは、これ以上問題を追及する価値を見出せなかったのであろうか。残ったものは重国籍問題の当事者たちに与えた「いつか自分も標的になるかもしれない」という「恐怖心」だけだった。

†物足りなかった民進党と蓮舫氏の対応

蓮舫氏の二重国籍問題をめぐるメディアの報道は迷走し、法務省の対応にも、看過できない疑問点があったことは明らかだ。そもそも蓮舫氏の二重国籍問題は「国籍唯一の原則」を採用しているとされる日本の国籍法と、実際には生来の重国籍者の存在を容認している矛盾のなかに、国交のない台湾出身者が日本の国籍法でどのように取り扱われるのかという、いわば二重のグレーゾーンにはまり込んだ構図の問題であった。

それぞれ専門家ですら容易に整理できず意見がかみ合わない部分もあるなかで、法務省やメディアの不正確な情報発信が、国民の議論をミスリードした状況は顕著であった。「二重国籍は悪」「二重国籍は犯罪」という一方的なマイナスイメージが広げられたことに対し、蓮舫氏も自ら明確な説明をしてもよかったのではないだろうか。蓮舫氏が台湾の「国籍を抜く」ことによって政治的な苦境を切り抜けることだけでなく、自分自身の生い立ちや共生社会、国籍問題全般について、しっかりと公の場で語るべきことは語ってもいたかったという思いは、多くの人の共通するところである。

蓮舫氏や、その所属する当時の民進党が、多様性の重視を掲げるリベラリズムに立つ政党として、生まれながらの重国籍者が二二歳までに二者択一の国籍選択の決断を迫られる現行制度や国籍法のあり方について、しっかりと問題提起できずに終わってしまったことも、非常に残念であった。二〇〇八年の国籍法改正時には「我が国における重国籍のあり方について検討すること」との附帯決議が付されており、自民党ですら「国籍法PT」で、河野太郎衆議院議員の「座長私案」として重国籍容認を示している。ましてや民進党の母体となった民主党が二〇〇九年の「民主党政策集INDEX2009」で明確に重国籍を認めることを唱えているからなおさらである。この国籍問題は党の根幹に関わるテーマであったと私は思う。

現在、民進党解体後に立ち上がった立憲民主党に党籍を移して副代表として活躍している蓮舫氏自身が民進党代表の辞任会見で語った「将来、国籍問題に取り組みたい」という約束が果たされることを期待したい。

第二章

あらわになった国籍法の矛盾

――小田川綾音（弁護士）

†法務省との面会

二〇一七年八月のある日の午後、東京・永田町。私は法務省民事局民事第一課の職員たちと対面していた。

蓮舫氏の「二重国籍」騒動を受けて、法務省が台湾出身者に対する国籍法の行政実務の運用を変更したのかどうかを確かめたかったからだ。報道から伝え聞く法務省の説明だけでは、どうにも納得できなかった。蓮舫氏は、いったいどういう理由で、どの外国の国籍を有すると判断されたのか。そして、どういう理由で、蓮舫氏の外国籍の離脱届出は不受理とされ、日本国籍の選択・外国籍放棄の宣言は受理されたのか。直接、疑問をぶつけて確認しないと、その先に進めない。

法務省との面会の橋渡しを依頼した中川正春衆議院議員（無所属）の議員会館の部屋で、率直に疑問をぶつけてみた。

――法務省は、台湾出身者の方についての国籍実務の運用を変更したのですか？

法務省（以下同）「従来の運用が変わったということはありません」

――これまで発表されている戸籍時報の記述と矛盾しませんか？

「戸籍時報は、あくまでも内部関係者向けのものですからあのような表現ぶりになっています。それでも書きすぎですがね」

――どうして、蓮舫さんの日本国籍の選択届を受理したんですか？

「個別の案件についてはお答えできません。日本国籍の取得や喪失が問題となる場面では、外国籍について厳密に判断することはありますが、そうでない場合には、本人の申告に基づいて届出を受けています。国籍選択届には添付書類もつけさせていません。明らかに外国籍を有しない、つまり、日本国籍しかないという場合を除いて届出を受けています」

私が最も驚いたのは、日本国籍の取得や喪失が問題となる場面では当事者の外国籍を厳密に判断するが、そうでない場合には、外国籍の有無は厳密に判断することなく、本人の主張する「外国籍がある」という自己申告に基づいて、国籍選択届出を受け付けているということだ。同じ国籍法であっても、場面ごとに態度を変えて法解釈をしているという。しかし、実際の条文からは、そのような限定的解釈を読み取ることはできないだろう。法務省は、日本国籍の取得や喪失が問題となる場面かどうかで、解釈や運用を変えているという。しかし、私は、そのような国籍法の実務運用を初めて聞いた。そして、誤魔化されているように感じた。仮にそのとおりだとしても、本当にそのようなやり方でよいのだろうか？　それが、国籍という重要な問題を扱う責任ある役所のありようだろうか？

少なくとも、法務省は、蓮舫氏の報道の際には、「日本国籍の取得や喪失が問題となる場面ではないので、外国籍の有無は厳密には判断していません」とメディアに対しては説明していない。当事者にしてみれば法律を読んでもそのような解釈運用の違いはわからないので、なおさら混乱するだろう。

そのあとも具体例を挙げながら、率直に疑問をぶつけてみた。一時間ほどやりとりしたのち、法務省の方から「そろそろ時間がありますので。我々、三〇分だと思って来ていますので。すでに三〇分押しています……」と切り出された。まるでお腹の中にステーキが残っているような、スッキリしない消化不良状態だった。問題意識を共有して改善策の議論につなげたかったのだが、現状についての確認さえ満足にできず、腑に落ちなかった。

法務省との面会を終え、同席していた同僚の弁護士たちと地下のコーヒーショップで一服しようとした。すると先ほど帰っていった法務省の職員たちもそこにいるではないか。目が合うと気まずそうに会釈をした。時間がなくて先を急いでいたのではなかったか。それなら一緒にコーヒーを飲みつつ、引き続き話し合いができたのにと残念になった。

蓮舫氏の二重国籍問題に関する法務省の見解に納得できず疑問を感じたのは、私の経験とかかわっている。私は、どの国家からも国民として認められない日本にいる無国籍者を、弁護士活動の中で支援している。目に見えない法の狭間に落ち込んだ人々が、国籍がないがゆえに、法的にも実生活上も様々な不利益をこうむり、喪失感に苦しんだり困難な状況に直面したりしている様子を見てきた。国籍制度に翻弄されている人々と接してきた経験から、二重国籍の問題にも、無国籍問題と同様、自身の意思や力だけではどうにも解決できない構図が横たわっているように思った。

†法務省のすり替え

そもそも、法務省は、蓮舫氏の「二重国籍」報道に釈明する形で「我々は日本の国籍法を所管しており、外国の国籍を我々が判断はできない」と説明していた。しかし、この説明は問題の本質をすり替えている。

私は、無国籍者や無国籍状態に置かれている当事者から相談や依頼を受けて代理人として活動する際、法務省が当事者の外国籍を判断している局面に何度も立ち会ってきた。たとえば、無国籍の母が婚姻をせず、法律上の父も不在の状態で、日本で子どもを産んだ時、子どもは国籍法二条三号に基づいて生まれながらに日本国籍を取得する。そのため、母がその国籍を「無国籍」と記載して子どもの出生届を出し、最終的に法務省がその母の国籍を無国籍と判断するならば、子どもに戸籍がつくられる。ところが、法務省は母の国籍を当事者の申告通り「無国籍」と認めないことがある。その場合、子どもは日本国籍の取得を否定され、戸籍はつくられない。つまり、法務省は独自の調査を行って母の外国籍を判断し、子どもの日本国籍の取得を決定している。

当事者の国籍を判断する際には、その者が所持する旅券や身分関係書類は、その者の国籍がどこであるかを判断する資料として役立つだろう。しかし、書類だけではわからないこともあるし、書類がないこともある。より根本的には、当事者の両親や生まれた国など関係国の国籍法令を調査確認することによって、その者がどの国籍を有しているのかどうかが見えてくる。つまり、その当事者の本国と思われる国がどこであるのか、その国の法令にはどのように書いてあるのか、その者はどのような書類を有しているのかなどを確認して、その者の国籍国を判断することになる。

こうした調査確認を経て当事者の外国籍を判断し、日本の国籍事務を遂行していくこと自体は、外国政府の主権を脅かす問題ではない。あくまでも主権国家としての日本が、その国籍事務を執り行う目的で、当事者の外国籍を判断する必要があるということだ。したがって、法務省は、日本の国籍法を所管するなかで、必要な範囲で当事者の外国籍を判断しているのであるから、蓮舫氏の報道の際に「外国の国籍を判断することはできない」と説明しても、到底納得することはできない。

†従前の法務省の運用

日本政府は、蓮舫氏が中華民国籍を有するとは外交の建前上、言えない。日本政府が台湾政府を正統な政府として承認していないからだ。その結果、日本における台湾出身者に対する国籍の「ラベル貼り」には、さまざまな紆余曲折がみられる。

台湾には中華民国政府、中国大陸には中華人民共和国政府が存在し、戦後当初から、日本政府は中華民国政府と国交を持っていた。ところが、一九七一年に国連総会決議によって、中華人民共和国政府が国連加盟国としての地位を得た後、日本政府も一九七二年九月二九日に「今後は、日本政府は、中華人民共和国政府が中国の唯一の合法政府であることを承認する」と中華人民共和国政府と日中共同声明を発表した。中華人民共和国政府は、台湾が中華人民共和国の領土の不可分の一部であると表明し、日本政府はその立場を理解して尊重すると表明し、同時に日本政府は中華民国政府と断交した。

このことは、台湾出身者を当事者とする場合の日本の国籍事務に大きく影響した。一九七二年九月二九日以前、日本は中華民国政府と国交を持っていたので、台湾出身者の国籍を判断するときは中華民国の法令を参照すればよかった。しかし、日中国交樹立、台湾との断交後は、中華民国政府は「一つの中国」の正統な政府ではなくなってしまったので、法務省が「一つの中国」を厳格に解して中華民国の国籍法を有効と認めないならば、台湾出身者について、中華人民共和国の法を参照し、その国籍を判断しなければならないということになってしまう。そして、このような理解のもとで、国籍事務が行われてきたことは、過去の法務省職員の説明からも明らかだ。

いくつかの記事を具体的に挙げてみよう。

『戸籍時報　No.741』(二〇一六年)の、法務省民事局民事第一課職員が書いた「国籍相談No.473　日本人男性と4親等の傍系血族である台湾人女性との婚姻が無効である場合における両者間に出生した子の日本国籍の取得について」という記事によれば、日本人男性と台湾人女性との間に生まれた婚外子扱いとなる子の国籍について、「個人の国籍については、我が国によって承認された国家の法令によって決定されます。このため、子どもの国籍の判断に当たっては、中華人民共和国国籍法が適用されることになります」と書かれている。

また、『戸籍時報　No.579』(二〇〇五年)の、法務省民事局民事第一課職員が書いた[国籍相談No.368　日本人男性と台湾人女性との間に嫡出でない子として出生した子の日本国籍取得について]という記事によれば、同様に、日本人男性と台湾人女性の間に生まれた婚外子について、「台湾には中華民国政府がありますが、我が国は、昭和四七年九月二九日の日中国交正常化以降、中華人民共和国政府を中国の唯一の合法政府として承認しています。そして、個人の国籍の有無は、我が国によって承認された国家の法令によって決定されます。このため、お孫さんの国籍の判断に当たっては、中華民国ではなく、中華人民共和国の国籍法によることになります。(中略)お孫さんは中国国籍を有しているものと考えられます」と書かれている。そのうえで、日本の国籍取得のあり方として帰化申請手続きがあることを紹介しているのである。

このように、日本の国籍法を適用する前提として、法務省が、外国籍当事者である台湾出身の母から生まれた子どもの国籍を検討する際、根拠として参照する法令は、中華人民共和国の国籍法であった。

つまり、法務省のこれまでの立場にたてば、一九七二年九月二九日以降は、蓮舫氏は台湾にルーツがあっても、「一つの中国」の正統な政府は中華人民共和国政府であるから、中華民国国籍ではなく「一つの中国」としての「中国」国籍であるというラベル貼りがされ、日本において、蓮舫氏の国籍を検討する際には、中華人民共和国の国籍法が参照されて、国籍が判断されていたのである。

†「適用」という表現を避けたがる法務省

蓮舫氏は一九八五年に改正国籍法の経過措置として届出により日本国籍を取得した。この事実が「中国」国籍の維持や喪失に影響しないかどうかは、これまでの法務省の立場からすると、中華人民共和国法を参照して判断することになる。そこで一九八〇年中華人民共和国国籍法をみてみると、同法九条は「外国に定住している中国公民で、自己の意思によって外国の国籍に入籍若しくはこれを取得した者は、中国国籍を自動的に失う」と規定する。

法務省民事局第五課職員編『一問一答　新しい国籍法・戸籍法』(一九八五年発行)の[中国との関係では、どのような場合に二重国籍となりますか」という記事では、「外国に定住している中国の公民である者が、自己の意思によって外国の国籍に入籍し、又はこれを取得した者は、中国国籍を自動的に失います(中華人民共和国国籍法九条)。したがって、中国の公民が、日本に帰化したり、届出により日本の国籍を取得した場合には、その者が日本に定住しているときは、中国国籍を失いますが、そうでないときは、日本と中国との二重国籍になるものと解されます」と書かれている。

つまり、一九八五年当時の日本の法務省の国籍事務としては、「中国」の国籍を有して日本に定住する者が、日本の国籍を後発的に自己の意思で取得すると、自動的に中国の国籍を失うと解釈されていた、ということである。

少なくとも、日本の国籍法の実務の立場では、一九七二年九月二九日以降、「中国」国籍者であるとみなされていた蓮舫氏は、一九八五年、一七歳のときに自らの意思で届出により日本国籍を取得し、日本で生まれ育ち日本に生活の本拠地を長く置いて「外国に定住」していたと解されるため、中華人民共和国国籍法九条を根拠として、中国国籍を自動喪失したと解釈される。つまり、日本の従前の国籍事務の運用からすると、蓮舫氏は「中国」と日本国籍の「二重国籍」者ではなく、日本国籍の単独国籍保持者だという帰結が自然なのである。

ところがそうすると、蓮舫氏は、国籍の選択届出を受理する前提となる「外国の国籍を有する日本国民」という条件には該当しないことになってしまう。そして、このような従来の法務省の国籍事務の考え方は、第一章で見た各メディアの報道にも示されている。つまり当初は、法務省は従前の立場にたった見解で説明やコメントをしていたと考えるべきだ。

前項で見た『戸籍時報』№579号や№741号の記事は、法務省によれば、「内部関係者に向けた内容で、書きすぎだ」ということだが、内部関係者の内容であるならばいっそう信憑性があるのではないだろうか。内部関係者は内部関係者用のマニュアルにしたがって手続きを進めるものである。

法務省は『戸籍時報』における「適用」という表現にアレルギー反応を示しているように見えた。法律家の間では、「適用」といえば、法律を具体的事例に当てはめて解釈し、それによって結論を導きだすという意味合いにとる。法務省は、外国の国籍法令を「適用」しているというと、あたかも外国政府の主権を侵害して自分たちに他国の国民の国籍を判断する権限があるかのように見えるではないか、と言いたかったのかもしれない。

しかし、ここでいうところの「適用」とは、当事者の国籍を判断する際に当該関係国の法令を「参照・使用する」という意味である。外国政府の代わりに日本政府が外国法を適用しているのではない。日本の国籍法を適用するために、外国政府の法令を参照・使用しているのである。「適用」という単語だろうが、「参照・使用」という単語だろうが変わりはない。つまり、日本の国籍法を適用する前提として、法務省が当事者の外国籍がどこであるのかを判断するためにどこの国の法令を使うのかを決めなければならないことには変わりはないのである。

したがって、法務省の「書きすぎだ」という弁明は苦しい言い訳に過ぎない。

†日本の国籍選択制度

こうした従前の法務省の実務運用に反するかのように、法務省は、台湾出身者の子である蓮舫氏の日本国籍選択・外国籍の放棄宣言の届出を受理した。他方で、その前に行った外国籍の離脱届出は受理しなかった。この点についての法務省の説明を整理すると、次のようになる。

外国籍の離脱届出を不受理にした理由は、台湾政府が蓮舫氏に発行した「国籍喪失許可証書」が、国籍喪失届出の際に添付しなければならない戸籍法一〇六条二項の外国国籍の「喪失を証すべき書面」としては有効ではないから、とのことである。「一つの中国」の正統な政府は、中華人民共和国政府であるため、「一つの中国」の国籍を喪失したことを証明する証明書として台湾政府発行の文書には効力がない、ということなのだ。

法務省の面会時の説明によれば、日本国籍の選択・外国籍の放棄宣言の届出を受理した理由は、国籍選択届出は日本国籍の取得・喪失にはあたらず、国籍法一四条一項の「外国の国籍を有する日本国民」という要件も厳密には判断しない。よって「外国の国籍を有する」と思う当事者からの自己申告があれば届出を受け付けている。さらに、法務省によれば、台湾政府から「国籍喪失許可証書」を取得することは、選択宣言届出の後に求められる外国籍離脱の努力の履行に当たる、ということである。

もっとも、法務省は面会の際、「国籍喪失許可証書」は選択宣言を届け出た際に役所に提出しようとしても行政機関として受け取ることはなく、記録や保存もしないと述べていた。つまり、国籍離脱の努力義務の履行をチェックするシステムは存在しないというのである。

ここで、国籍選択制度について整理をしておく。国籍選択制度とは、二つ以上の国籍を有する「外国の国籍を有する日本国民」に対して、一定の期限内に、一つの国籍になることを目指して国籍選択を促す制度である。しかし、後掲の図のとおり、結果として国籍選択を行っても、重国籍が解消されないことがある。

国籍の選択としては、まず、外国の国籍を選択するのか、それとも日本の国籍を選択するのか、ということが求められる。そして、外国の国籍を選択するときは、①日本の国籍を離脱する届出をする（国籍法一三条）、または②外国の法令によりその外国国籍を選択する（国籍法一一条二項）ことによって国籍を選択したことになる。

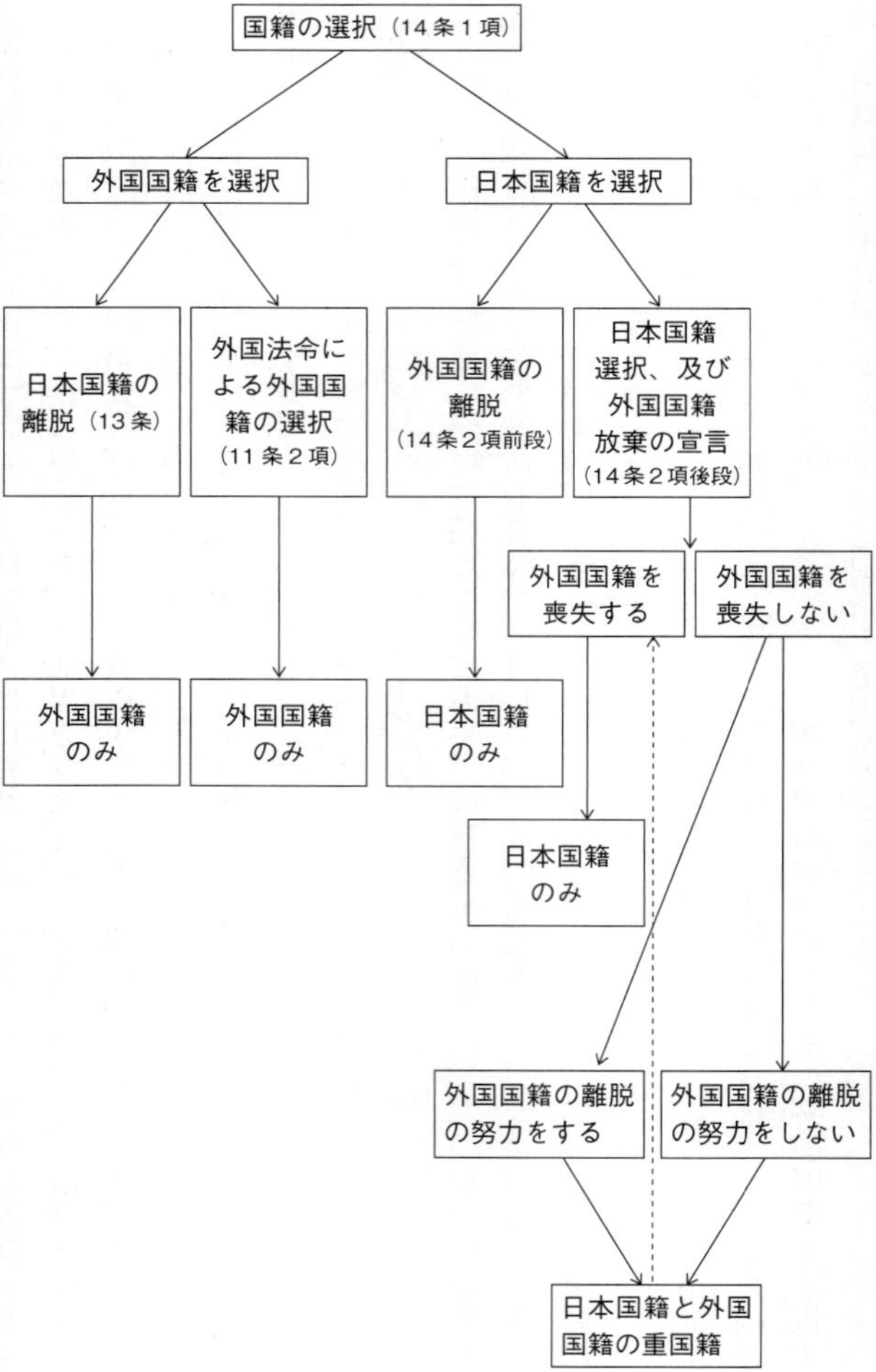
国籍の選択（14条1項）
外国国籍を選択
日本国籍を選択
日本国籍の離脱（13条）
外国法令による外国国籍の選択（11条2項）
外国国籍の離脱（14条2項前段）
日本国籍選択、及び外国国籍放棄の宣言（14条2項後段）
外国国籍を喪失する
外国国籍を喪失しない
外国国籍のみ
外国国籍のみ
日本国籍のみ
日本国籍のみ
外国国籍の離脱の努力をする
外国国籍の離脱の努力をしない
日本国籍と外国国籍の重国籍

一方で、日本の国籍を選択するときは、③外国の国籍を離脱する届出をする（国籍法一四条二項前段）、または④日本の国籍を選択して外国国籍を放棄する宣言の届出をする（国籍法一四条二項後段）ことにより、国籍の選択をしたことになる。④の制度があるのは、外国によっては、国籍を離脱できない国もあるため、日本に対して日本国籍の選択と外国国籍を放棄するという宣言でよいとされているのだ。宣言の後は、外国籍の離脱に努めなければならない、とされている（国籍法一六条一項）。

もっとも、この外国籍の離脱の努力は、先述のとおり、法務省において確認されることはない。何らかの書類の提出を求められることもなく、当事者が宣言の後に努力をしたとしても、その努力を履行したことを行政が確認したり証明したりする制度は存在しない。そして、この④の日本国籍の選択と外国国籍の放棄の宣言の届出を行い、外国国籍の離脱の努力をしてもしなくても、重国籍が解消されないという結果になることがある。

さらに、法務大臣は、一定の期限内に国籍選択をしない「外国の国籍を有する日本国民」に対して国籍の選択を催告することができるが（国籍法一五条一項）、この催告制度はこれまでに一度も発動されたことがない。また今後の発動にも慎重な姿勢を示している。

†ご都合主義の使い方、解釈

蓮舫氏に対する国籍選択手続きへの対応と、法務省の国籍選択制度の運用についての一連の説明にはやはり疑問点が多い。

まず、外国籍の離脱届出においては、「一つの中国」の国籍喪失許可証書としては有効ではないと判断して、台湾政府発行の文書の効力を否定している。他方で、日本国籍の選択・外国籍放棄宣言の後の外国籍離脱の努力の履行としては、「国籍喪失許可証書」の取得は有効であると評価している。このことは、果たして法的な取り扱いとして両立するのだろうか？

一方では、台湾政府を正統な政府としては認めないから書類は有効ではなく受け取らない。しかし、台湾政府発行の同じ文書を、国籍法上の「外国籍離脱の努力の履行」としては有効性を認めているのである。

このギャップがより顕著になるのは、帰化申請の場合である。日本国籍を取得するための帰化申請において、「日本の国籍の取得によってその国籍を失うべきこと」が帰化の条件の一つ（国籍法第五条一項五号）なので、日本に帰化したい者はもともと有している国籍を失う必要がある。現行の運用では、帰化許可内定の段階で無国籍の状態にさせているので、万が一にも帰化不許可となると、当事者は無国籍のままになってしまう。そして、法務省は「台湾」出身者について、帰化許可の内定が出ると、台湾（中華民国）政府発行の「国籍喪失許可証書」の提出を促し、その旅券も同時に提出させることとしている。台湾政府発行の当事者の旅券を法務省が預かり、帰化後に五年間保存してその後は破棄するというのである。

つまり、帰化の場面では、台湾政府発行の「国籍喪失許可証書」を積極的に提出させ、「国籍を失う」ことの証明書として受領している。もし、台湾が「一つの中国」の一部であり、その正統な政府は中華人民共和国政府であり、台湾の国籍法令の効力を認めないという建前を貫くならば、本来、中華人民共和国政府発行の証明書を提出させるのが筋ではないだろうか。

日本政府は、台湾政府を正統な政府として認めていないのだから、台湾政府発行の「国籍喪失許可証書」の効力を認めないのならば、この文書を提出させる必要はない、ということになるはずだ。それならば外国国籍の離脱届出時の戸籍法一〇六条二項における「国籍喪失を証明する文書」としては有効ではない、という結論と整合する。しかし、現実はそうではない。

このように、国籍選択手続きにおける①外国籍離脱の場面、②日本国籍の選択・外国籍の放棄宣言の場面、また③帰化申請の場面において、台湾政府発行の「国籍喪失許可証書」の法務省の取り扱いには差異がみられる。これは当事者を混乱させる以外の何物でもないだろう。

帰化の場面では、台湾政府発行の「国籍喪失許可証書」のほか、「旅券」さえも預かるというのだから、実際上は「台湾」を独立国家として取り扱っていると言われても仕方がないのではないだろうか。法務省による「国籍喪失許可証明書」の取扱いについては、一貫性のある対応がなされていないとみるのが自然である。

さらに、一貫性のなさは国籍選択の催告の場面にも見られる。

法務省との面会時に、私は「外国の国籍を有する日本国民であるかどうかは、国籍選択の催告(国籍法一五条一項)の時にも問題となりますよね。そのときは外国籍があるかどうかを判断しなければならないのではないですか?」と質問した。その回答は、「催告の時は、日本国籍の喪失が問題となる場面なので、確かに厳密に確認しなければいけません。ただし、これまで、国籍選択の催告は一度も発動したことがありませんし、これからも発動する予定はありません」とのことだった。

国籍法一五条一項は「法務大臣は、外国の国籍を有する日本国民で前条第一項に定める期限内に日本の国籍の選択をしないものに対して、書面により、国籍の選択をすべきことを催告することができる」と定め、同条三項は「前二項の規定による催告を受けた者は、催告を受けた日から一月以内に日本の国籍の選択をしなければ、その期間が経過した時に日本の国籍を失う」としている。つまり、国籍法一四条一項の「外国の国籍を有する日本国民は（中略）いずれかの国籍を選択しなければならない」というときの「外国の国籍を有する日本国民」の解釈では厳密に外国籍を有するかどうか判断しないが、国籍法一五条一項の「外国の国籍を有する日本国民」の解釈では厳密に外国籍を有するかどうか判断するというのだ（傍点は筆者）。

　同じ国籍法上の同じ要件であっても、使い方、解釈の仕方が違うというのである。これは、一般の人々には到底理解しえない法運用だろう。そもそも、「外国の国籍を有する日本国民」（要件）が「国籍の選択をしなければならない」（効果）のであるが、この「要件」を判断することなしに、「効果」を発生させるということは法律論として成り立つのだろうか？

†蓮舫氏は国籍選択の必要がなかった？

　弁護士や裁判官、検察官などの法実務家は、法律上の要件が満たされて法律上の効果が発生する、という基本思考を司法試験と司法修習生考試という二回の国家試験を通して身に着けるように叩きこまれている。法律上の効果が発生するためには、要件が満たされていなければならない。そのため、裁判などでは様々な方法で要件充足の立証を尽くして、法律効果の発生を訴えるのだ。したがって、要件が充足されているかどうかを判断することなく効果を発生させている、という法務省の説明は、法実務家の基本姿勢に背くものであり、非常に大きな違和感を覚える。このような運用がまかり通ると、法治国家とは言えなくなるのではないだろうか。このように、法務省の説明には、あまりにも納得できないことが多い。

これまでみてきたように、日本の国籍事務において当事者の外国籍を判断しなければならない場合、法務省の従前の立場では、台湾との断交後、台湾出身者の国籍の判断にあたって中華人民共和国の国籍法を参照してきたことは明らかである。蓮舫氏は、日本で生まれ育ち生活の本拠地が日本にあったので、中華人民共和国国籍法九条の「外国に定住している中国公民」に該当すると解される。そして、一七歳の時に届出により日本国籍をしたことは、「自己の意思で外国の国籍に入籍若しくはこれを取得した」場合に該当するので、「中国国籍を自動的に失う」ということになる。

そうすると、法務省の従前の立場にたてば、蓮舫氏はやはり「外国の国籍を有する日本国民」には該当しないので、国籍選択手続きをする必要はなかったということになるのではないだろうか。

つまり、法務省が蓮舫氏に行った行政指導や、金田勝年法務大臣による「一般論として、台湾出身の重国籍者については法律の定める期限までに日本国籍の選択宣言をし、外国国籍の離脱に努めなければならない」との発言は、法務省の従前の立場を前提とする限り間違っていたという結論になると私は思う。

法務省は従前までの運用と蓮舫氏に対する対応との間に整合性をつけようと苦心し、何とか理屈づけをしようとしたのだが、国籍法の様々な手続きを全体的に俯瞰すると、ほころびが出ているように見える。

問題は、そのほころびによって、惑わされ、混乱し、言いようのない不快感を味わうのは、蓮舫氏個人を越えて、その背後に多数存在する多様なルーツをもつ当事者の一人一人ということだ。

法律は、様々な人間たちが社会で共生するための人々の権利義務を調整するルールである。ルールは本来わかりやすく明確でなければならない。ルールが不透明だと人はそれに従うことができず、ルールとしての役割を果たさないからだ。そして、ルールが通常どのように機能しているのか、その透明性を確保する責任は、制度を実際に運用している側、つまり国籍事務に関していえば法務省にある。

当事者を不安にさせるのは、今後も法務省の「運用」「解釈」が変化するのではないかという危惧である。国籍選択の催告はこれまで発動していないと言われても、安心はできない。これまで見てきたように、法務省が、台湾出身者の国籍事務の取り扱いについて、『戸籍時報』等で発表してきた従前の運用を事実上変化させているからだ。どうして国籍選択の催告は今後も絶対にされないということを信用できるだろうか。

一九七二年の日中国交正常化宣言がされた当時と比べ蓮舫氏の「二重国籍」報道が問題となった二〇一六～一七年の現代にあって、自らの指導者を民主選挙で選んでいる「台湾」の主体性はいよいよ現実味を増している。日本政府も、外国人登録制度時代の国籍等欄には「台湾」の表記を認めなかったが、在留カード制度の導入後は、国籍・地域欄に「台湾」表記を認めている。

時代が動き、取り扱いに変化が生じているならば、複雑でわかりにくい理屈で誤魔化すのではなく、当事者たちに理解してもらえるように、明確な運用方針を定め、発表したらよいのではないだろうか。そして、そのときには、政治的な「一つの中国」という建前上のポリシーと、国籍法の実務を分けて考えたらよいのではないだろうか。実際、結婚や離婚といった身分行為が問題となる行政事務手続きの場面では、台湾出身の当事者に、中華人民共和国の民法ではなく中華民国民法が適用されていることは公知の事実で、調停・裁判など司法手続き上の場面でも同様だ。

　今求められていることは、時代に応じて新たに国籍法の制度そのものを見直し、同時に運用の改善を議論すること、そして、制度運用についての透明性を確保し、当事者や社会に対して説明責任が果たされていくことである。

第三章　国際結婚と国籍
――大成権真弓（台湾・居留問題を考える会会長）

†親としての素朴な疑問

二〇一六年九月に起きた蓮舫氏の二重国籍問題から派生した一部世論やメディアの動向は、あたかも二重国籍者を排除するかのような意見も含まれるように見え、台湾に住んでいる私たち日台国際結婚の家族に大きな不安を与えた。そして、日台ハーフの子どもを持つ親として、次のような素朴な疑問が心の中に湧いた。

「二重国籍ではなぜいけないのだろうか」「法務大臣が蓮舫氏のことを「違法状態」と述べたが、それは本当なのだろうか」「二重国籍を排除するような議論はグローバル化の促進と矛盾しないのだろうか」

私は、台湾人と結婚して台湾に約三〇年暮らしている日本人であり、蓮舫氏の家族背景と同じ日台間の国際結婚者である。また、「居留問題を考える会」(日台間の国際結婚家族の日本人女性が多く参加するボランティアグループ。以下、当会)を立ち上げて二〇年以上の活動を続けている。

蓮舫氏の二重国籍問題が生じた当時は、毎日のように、多くの当会会員が、メディアの記事などで「二重国籍者がまるで犯罪者扱いされているのを見て、憤慨した」と言って、報道等への疑問を寄せてくれた。また、すでに二重国籍であることを周囲に明かして日本で働いている子どものことを心配した会員もいた。日本に帰国したときに周囲から「あなたの子も違法な二重国籍ではないのか」という視線を感じ、肩身の狭い思いをしたという会員もいた。当時は「あなたたちは間違ったことをしているわけではない」と誰からも言ってもらえないような孤立感を、少なからぬ会員が共有していたと思う。

生来の二重国籍は、日本の法律でも認められている。それにもかかわらず、自らの二重国籍について説明を曖昧なままにしているように見える蓮舫氏にもどかしさを感じた。私たちは、蓮舫氏に対する世の中の批判を聴きながら、子どもたちの日本と台湾の生来の二重国籍までもが批判に晒されているような気持ちになった。

当然、親だけではなく、当事者である子どもたちも不安を覚えた。子どもたちには、蓮舫氏の問題が起きる前からも、自分の二重国籍について意見を持っている者もいる。当会会員の子どもたちが、母親に宛てた文章を紹介したい（武田里子「複数国籍の日本ルーツの子どもたちの存在から問う「国のあり方」」東洋大学『国際地域学研究』第二〇号、七七頁、二〇一七年三月）。

本当にこれはハーフ以外の人は想像しづらいことだと思いますが、私も身体の一部がなくなるのと同じだと思っています。特に私は両方の国で長く住んでいたこともあって、なおさら選べません。これまで両方の国の文化、人を理解して言葉も覚えてきて、私には二つの国籍があるってこと、二つのパスポートを持っていることは、みんなが一つの国のパスポートを持ってるのと同じ感覚です。どっちの国も好きで誇りを持ちたいから、どちらかの国籍を選ぶのはできません。今でもそうだけれど、小さい頃からこの事を聞かれたら、お父さんかお母さんのどっちが好きなの？　親のどちらかを選べっていわれているとしかきこえなかったのです。アメリカにきて尚更思います。ハーフの人の人権も考えてほしい、私たちは一つの国の人じゃないといけないのはなんでだろうって。……だからこんな人が国を動かして変えていく立場になったら冷静な判断でどちらも傷つけないどちらにもいい方法で物事を考えられると思ってます。

アメリカに来てから名前は日本人の名前なのに何で中国人のラストネイム？　ってよく聞かれる。私はいつもハーフだからって答える、その次の質問は絶対に「どっちの国の方とよりつながってる？　(Which one are you more connected with?)」私は当然「台湾だと思うけど」、そう答えると相手は私は日本語を知らないだろうとか、日本人ぶってるとか、そういう考えやコメントを言われるのが本当にいや。前に台湾で学校のクラスメイトが私に「あなたは当然台湾人よ。台湾に十八年いてこんなに長い間台湾があなたを養ってきたのよ。それなのになんで日本のパスポート持てるのよ。あなたのお母さんは日本人だけど、あなたは違う。威張らないで（自慢しないで）。」って言ってきて、私はどう反応したらいいかわからなかった。私は日本語喋れるし、忘れ無いように日本語の本をいっぱい読んでるし、頑張ったらちゃんと文章も書ける。台湾の環境で日本人の母が育ててくれて、今アメリカ暮らしをしている私は混乱の総合体みたいだけど、でも感謝してる。どっちの国の人って思えない、どっちの国も私の誇りです！

二重国籍で何がいけないのか。私たちから大切な両親の国籍のどちらかを奪わないで欲しい。これらが、子どもたちの偽らざる本音である。

本稿では、蓮舫氏に対する批判への疑問を踏まえて、二つの国籍を有する子の親として、日本と台湾の二重国籍について、台湾（中華民国）と日本の国籍法における二重国籍の取扱い、並びに日台間の国際結婚家族の子の国籍の取扱いの実態、さらにそれから浮かんでくる問題を見てみたい。

†台湾の国籍法改正

台湾の中華民国国籍法は二〇〇〇年の改正で大きく動いた。一九二九年に制定されて以来、七一年ぶりの大改正であった。二〇一六年には国籍法の再度の改正で主に帰化に関する規定が改正された。その日本語訳は「居留問題を考える会」ＨＰを参照頂きたい（https://sites.google.com/site/kyorumondai/home/houreishu/kokusekihou）。

二〇〇〇年の最も重要な改正点は、国籍の取得について、それまでの「父系血統主義」から男女平等主義に基づく、「父母両系血統主義」に変わったことである。改正前は台湾人の父親を持つ者しか中華民国国籍を持てなかったのが、改正後は、台湾人の母親を持つ者も中華民国国籍を持てるようになった。

改正前の日台間の国際結婚家族では、日本人の父親と台湾人の母親という組み合わせの場合、その子は日本国籍のみで中華民国国籍はなく、台湾で暮らすためには、外国人として親族ビザを取得し、日本の外国人在留カードに相当する「外僑居留証」（以下、居留証）を入手しなければならなかった。また、その居留証は三年ごとに更新しなければならず、成人して二〇歳を過ぎると親族ビザでは更新できなかった。そのため、台湾に滞在する立場を変更して学生ビザまたは就労ビザを取得しなければ、引き続き台湾で暮らすことができず、大変不便であった。

国籍法の改正後は、台湾人の母親を持つ子も中華民国籍を有することができ、台湾の戸籍を取得すれば二〇歳を過ぎても制限なく住むことができるようになった。その結果として、現在、日台間の国際結婚家族の子は、基本的に日本国籍と中華民国籍という二つの国籍を有することになっている。

もう一つの大きな改正点は、帰化に必要な原国籍の喪失証明書の特例である。外国人が中華民国籍を取得するためには、原（有）国籍の喪失の証明が必要である。日本人の場合には、一九七二年の日台国交断絶以降、「一つの中国」政策によって中華民国を承認していない日本政府の立場からは、日本国籍を喪失／離脱することで無国籍になるおそれがあるという理由で、関連する公的証明（以下まとめて「国籍喪失／離脱証明」）を日本側から取得することができず、中華民国への帰化ができなかった。

しかし、二〇〇〇年の改正時、九条に但書が追加された。原（有）国籍の喪失証明について、「ただし、当事者の責めに帰することのできない事由により証明を提出できないとき、且つ外交機関の調査により外国籍を喪失している事実が確認できたときは、この限りではない」と定められた。その結果、日本の「国籍喪失／離脱届」を提出してもそれが日本政府側では受理されないということを証明する文書、即ち「国籍喪失／離脱届不受理証明書」を取得すれば、台湾への帰化申請ができるようになった。

†増加が予想される日台二重国籍

しかし、現在もなお日本政府は中華民国籍の取得者に、日本国籍を「喪失／離脱」させない状態であるため、台湾に帰化した成人の日本人は、日本と中華民国の国籍を両方持つ形にならざるを得ない。行政院性別平等会の「性別統計資料庫」からの計算によれば、二〇〇〇年の国籍法改正後に帰化により中華民国籍を取得した日本人は、二〇一八年末現在で男女合計二八七人である。そのうち、台湾人の配偶者を持つ者は一五四人である。これらの日本人は、台湾からみれば中華民国籍も有する二重国籍となっていることになる。

さらに、二〇一六年改正後の現行国籍法九条四項には、原国籍喪失証明を提出しなくてよい場合として、「一、第六条の規定（注：外国人などの中華民国へ殊勲があるとき）によって帰化を申請するとき。二、中央目的事業の主管機関によって推薦された科学技術、経済、教育、文化、芸術、体育及びその他の領域の高度専門の人材が、中華民国の利益を援助し、かつ内政部によって招集された社会で公正な知識人及び相当する機関が共同審査して通過するとき。三、当事者の責に帰すことができない事由により、原国籍喪失証明を取得する方法がなくなったとき」と規定している。つまり、これら三つの条件のいずれかに該当する場合には、原国籍を「喪失／離脱」する必要がないので、台湾への帰化により中華民国籍を取得すれば、二重国籍となる。

台湾では、二〇一八年二月から「外国籍専門人員募集及び雇用法」(外国専業人才延攬及僱用法)が施行され、様々な優遇措置を実施することで科学技術・経済・教育・文化芸術・スポーツ・金融・法律・建築設計の八大分野における外国籍の高度専門人材を台湾に呼び込むことを目的としている。これらの高度専門人材に該当する日本人が、二〇一六年改正の現行国籍法をもとに今後帰化を希望すれば、中華民国籍を取得して二重国籍になるケースも増えるだろう。

実際に、台湾での生活が長くなるにつれて、台湾に帰化して中華民国籍を取得する日本人が増えているのは、中華民国籍を取得して国民としての権利を享受すると同時に、日本国籍を離脱しなくてよいというところも大きな理由になっていると考えられる。しかし、二重国籍批判という日本の世論のなかでは、こうしたケースも批判の対象になるのだろうか。批判されるとすれば、日本国籍離脱を認めない日本政府の方であろう。

ただ、当会としては、日本国籍法改正請願署名を通じて、日本政府に対して二重国籍容認を求めており、そもそも二重国籍を批判するような世の中の風潮を改めて欲しいという立場である。

†中華民国国籍の喪失は難しい

一方で、中華民国国籍の喪失は、そう簡単にはできない。前出の中華民国国籍法一一条一項によると、「内政部の許可を得て、中華民国国籍を喪失する」とあり、二項に「前項規定によって中華民国国籍を喪失するとき、その者の未婚で未成年である子は、内政部の許可を得て、ともに中華民国国籍を喪失する」としている。つまり、中華民国国籍を自動的に喪失することはなく、あくまでも自己申請により内政部の許可を得なければ、中華民国国籍を喪失することはない。

未成年者は自ら国籍喪失の手続きは行えず、親の国籍喪失に付随して、即ち親が国籍を喪失することで初めて子も国籍を喪失することができる。すなわち、中華民国籍喪失手続きにおいて、その親が中華民国籍を喪失しない限りは、未成年者は国籍を喪失できない。したがって当時未成年だった蓮舫氏の中華民国籍はそのまま維持されていたことになる。

蓮舫氏が父親と一緒に国籍離脱手続きをしたと思い込んでいたとしている一九八五年当時の中華民国国籍法は旧法であったが、二〇歳以上でなければ単独で国籍喪失できない点は同じだった。

現実にも蓮舫氏には中華民国国籍が残っており、蓮舫氏は二重国籍問題が指摘された時点まで、中華民国国籍と日本国籍の関係を十分に理解していなかったと推測できる。ただ、こうした点は、当事者でもなかなか理解が及ばないというのが現実である。

日本国籍法が父母両系血統主義に変更され、一九八五年の施行により、一九八五年一月一日前に日本国籍の母から生まれた未成年の子に対しては、三年以内に届出をすることによって、日本国籍を取得することができる特別措置が定められた。蓮舫氏はこの特別措置で日本国籍を届出により取得している。

ただし、当会会員の子にあったケースだが、母親が日本人であり、この特別措置に該当するにもかかわらず、台湾で暮らしていたこと及び父母両系血統主義についての理解不足のために、三年間の届出期間中に届出していない子もいる。その子の後に生まれた弟や妹は、日本国籍を有するが、その子だけ日本国籍を有していない。

国際結婚家族の親や子どもが詳しく国籍に関する手続きを知っているかといえば、必ずしもそうではないというのが現実である。一般的には、成人したとしても、戸籍謄本を自ら入手して自分の国籍について確認するということはまずない。ずっと日本で育った蓮舫氏にしてみれば、自分の国籍がどうなっているかを意識できなかった、あるいは、意識する機会がなかった、という可能性が大きいのではないだろうか。

ちなみに、中華民国国籍法には、日本国籍法にない規定がある。それは、二重国籍者の公職の制限規定である。二〇条一項に、「中華民国国民で外国籍を取得した者は、中華民国の公職に就くことはできない」と規定しており、同条四項に、「外国国籍を有する中華国国民が、本条が定めるところにより国籍が制限されなければならない公職に内定するときは、就任（着任）前に外国国籍を放棄を処理し、かつ就任（着任）の日から一年内に当該国国籍の喪失を完了し、証明文書を取得しなければならない」と規定している。

この規定は、中華民国の国民が外国籍を有している場合、中華民国が規定する公職、公務員になることを制限するものである。公務員といっても国益にかかわる役職の公務員であり、総統、副総統、日本の国会議員にあたる立法委員などには、外国国籍を喪失しなければなれない。そのため、就任前に外国籍を喪失し、なおかつ当該公務員就任後一年以内にその証明を提出しなければならない。しかし、重要な機密に触れない立場の公務員などでは、二重国籍については問われていないようである。

台湾では二〇〇九年に国民党の李慶安立法委員が米国籍を有していると確認され、違法に米国籍を隠したまま台北市市議会議員及び立法委員を務めていたとして、出国禁止処分が下され、立法委員を辞職した例がある。

†国籍選択届は不要という日本の回答

蓮舫氏の問題が持ち上がって以来、日本側の中華民国籍の取扱いに注目が寄せられた。根本的な疑問として、日台間の国籍問題については、台湾の国籍法上で「二重国籍」であっても、日本国籍法上でそのまま「二重国籍」に当たるかどうかという問題が存在しているように思える。

日本政府は台湾と外交関係がないため、台湾出身者に対して中華人民共和国の国籍法を適用しているので、蓮舫氏には二重国籍の問題は生じない、という指摘がある。もしそれが本当であれば、現在台湾に暮らす日台間の国際結婚家族の日本人として受け入れ難い気持ちになる。同時に、二三〇〇万人という小さくない人口を抱える台湾の人々にとっても、耐えがたいことかと思う。

では、その実態はどうなっているのだろうか。実際の法務省の窓口ではどのように対応しているのか、検証を試みた。

私は二〇一八年四月、日本への帰省時に広島法務局に問い合わせて、この点について確認を行った。法務局からは、「日本と台湾の両方に国籍を有する場合に、日本国籍を維持したいのであれば、二二歳になるまでに国籍選択届を提出すればよい」との回答であった。そこで、さらに突っ込んで尋ねた。

「台湾（中華民国）の国籍については、国籍と認めていないので、日本と台湾の二重国籍の者については、日本の国籍一つだけとしている。だから二重国籍にならず、従って、国籍選択届の提出は不要だとの回答を受けたそうですが、本当ですか？」

担当者は内部で確認するとのことで、当日返事はもらえなかった。後日改めて連絡したところ、「日本側から見ると、台湾（中華民国）の国籍では「外国の国籍を有する」とはみなされないので、日本国籍一つだけであり、それ故「国籍選択届」は提出不要である」との回答であった。これに先立ち私の友人が、東京法務局に確認したところ、やはり国籍選択届は必要ないとの回答であった。東京法務局も広島法務局も国籍課の担当者が同じ回答をしたのである。

†日本の国籍法運用は知られていない

私たちにとって、「国籍選択届」の提出は不要という回答は、大きな発見であり、驚きであった。そして、これらの回答は、二重国籍の問題を問われて国籍選択を求められた蓮舫氏への対応とは明らかに矛盾している。

法務省のウェブサイトの説明を見ても、あるいは国際結婚をしている知人や友人から教えてもらう常識的な話に照らしても、当然、日本と台湾の二重国籍になるので、「国籍選択届」の提出が必要であると考えてしまうだろう。このように台湾が特別に扱われていることについて、誰も知るすべがない。もし知っていれば、蓮舫氏の問題もあれほどの騒ぎにならなかったかもしれない。

台湾各地で当会が開催している座談会で、今まで私たちは、ずっと「国籍選択届は、出すか出さないかは自らの意志で決めてください、出さなくても催告はされていないので、出さないという方法もあります」と説明してきた。

その一方で、出生時に「国籍留保届」を出して、それが戸籍に記載されているのであれば、「国籍選択届」を出すのがよいのではないかというような助言もした。しかし、今回の法務局への聞き取りによると、「国籍選択届」は中華民国籍の保有者にとっては、もう出さなくてよいということになる。

もし出さなくてよいとしても、そのことを誰も知らない。知らないというか、知るすべがない。私はたまたま、友人からそれを聞いていたので、突っ込んで質問することができたが、一般の人には事実上不可能だ。国籍選択の流れを見て、この「国籍選択届」を出せばいいと考えてしまう。この誰にも知られない現実があること自体が不平等を生んでおり、大きな問題である。

やはり、法務省は、台湾と日本の二重国籍の場合には、国籍選択義務について、もし選択の義務がないのであれば、しっかりとそれを公表すべきである。全国どこでも、それは同じような形で公表されなければならない。私が広島法務局に確認したとき、台湾と日本の二重国籍者は選択届の提出が不要という点について、「全国のどこの法務局でも同じ回答が得られるのですか？」と尋ねたところ、担当者ははっきりと「そうです」と回答している。

ところが、当会会員にもこの問題について帰省時に本籍地の所管法務局で同様に問い合わせをした者もいた。そこでは、広島法務局のような回答を得ておらず、従来の中華民国籍と日本国籍の二重国籍の場合には、やはり「国籍選択届」の提出をするように助言があったとのことである。また、別の知人の東京法務局への問い合わせでも、回答は「出生に伴う日本と台湾の重国籍者は、他の国籍の重国籍者と同様に国籍留保届と国籍選択届が必要」というものであった。

法務局によって、あるいは、同じ東京法務局でも、担当者により異なる回答をしており、回答に一貫性があるとは到底言えない。この矛盾した回答が、なぜ生じるのだろうか。大いに疑問が残る。二重国籍の片方の国が台湾である場合には、国籍選択が不要か否かはっきりしないということである。

しかし、これまで当会会員ら台湾との二重国籍者が日本の戸籍窓口に「国籍選択届」を提出すれば受理されている。そしてそれが戸籍に記載される。台湾で出生した子どもについては、日本側への出生届と同時に「国籍留保届」を提出しており、そのことも戸籍に記載されている。法律を遵守したつもりで手続きしたにもかかわらず、もし一部法務局の回答のとおり、「国籍選択届」が必要でないならば、不必要に思える国籍留保の記載が戸籍に残ってしまう結果になるのである。

また、当会会員が、家庭の事情により、子どもの日本国籍を喪失させたいと考えたが、台湾と日本とが外交関係を持たないことを理由に、日本国籍の喪失はできなかった例がある。成人の日本人が台湾への帰化により中華民国籍を取得するために、日本国籍から離脱できないのと同じ取り扱いであった。

†日台国際結婚家族の子どもの国籍

実際に、国際結婚家族の子が、どのように出生手続を行っているか、それによりどのように国籍を取得しているかについて改めて見てみたい。

国籍の取得は、子どもの出生地により、手続きが少し異なる。国際結婚の場合には、多くの国で血統主義が採用されているため、通常は両親の双方の国の国籍法によってそれぞれの国籍を取得することになるが、出生地主義を採る国で生まれた場合は、父と母の国の国籍のほかに、出生地国の国籍を取得することもあり、その場合には、三重国籍になる可能性がある。

たとえば、日本人と台湾人の親を有し、出生地主義を採用するアメリカ合衆国で出生した場合、日本国籍、中華民国籍及びアメリカ国籍の三重国籍を有する可能性がある。実際に当会会員の子には、若干名であるが、三重国籍の子がいる。

日本で出生した場合、たとえば母親が日本で里帰り出産した場合などは、一般の出生手続と同じく日本側で出生届を提出する。その際には、後述の「国籍留保届」の提出は不要である。中華民国籍については、出生と同時に取得する。台湾側への出生届の提出は、郵送などではできず、台湾入国後に手続きをする必要がある。通常は、まず日本での出生証明書や父母の結婚の記述のある戸籍謄本を持って、日本に六カ所ある中華民国在外公館(東京であれば「台北駐日経済文化代表処」)で、台湾への入国許可証及び「無戸籍国民」用の身分証番号の入っていないパスポートを取得する。そして、台湾に入国してから入出国及び移民署で「定居証」を取得後、台湾の戸籍地の戸籍機関である戸政事務所で戸籍設定を行う。その戸籍設定により国民身分証番号を取得することができる。

台湾で出生した場合ももちろん中華民国籍は出生と同時に取得する。戸籍上の手続きは、台湾の一般の出生手続きと同じく、出生証明書を添付して、戸籍地の戸政事務所に出生届を提出すれば、戸籍設定できる。日本側への出生届は、海外で出生する場合に照らして、出生後三カ月以内に、日本の本籍地の戸籍窓口に出生届を出生証明書とその日本語訳を添付して提出しなければならない。

台湾にある公益財団法人日本台湾交流協会は、日本と台湾間に外交関係がないことにより、日本政府機関から職員が派遣されていて、領事業務や各種の証明などを行っているが、あくまでも民間機関であり、他国の日本大使館のような出生届が提出できるようなサービスは行っていないので、自ら手続きしなければならない。つまり出生届は、日本に戻って本籍地の戸籍窓口に行くか、委任状をつけて家族などに依頼して届出するか、郵送で手続きするなどの方法で行っている。

ただ、当会会員の中には、三カ月以内に日本側に出生届（国籍留保届を含む）の提出ができず、日本国籍を持っていない子もいる。そのような場合には、日本国籍法一七条一項により、二〇歳未満で、日本に住所を持って住み、届出により日本国籍を取得できる。とは言っても、台湾で生活している国際結婚家族にとって、家族と離れて長期間日本で生活することはなかなか容易ではない。当会会員の場合には、子どもが学齢期に達する前か、高校卒業後など二〇歳になる前に時間をみつけて親とともに日本に戻っているようである。

以上のとおり、出生地により手続きは異なるが、日台間の国際結婚家族では、子どもが生まれるとほとんどの場合、出生時に父と母の双方の国に対して出生手続をして、日本国籍と中華民国籍をキープするための努力を行っている。そして、両国を行き来するために、幼い時から二つのパスポートを取得している。台湾で暮らす日台間の国際結婚家族の子にとって、これはごく自然な流れである。

†国籍選択届の重荷

ただ注意しなければならないのは、日台ハーフの子が台湾で出生した際、「国籍留保届」を出生届とともに提出しなければならないことである。出生届用紙のその他の欄の右上にある「日本国籍を留保する」及び「署名」の欄がそれである。その欄に署名しさえすれば、日本国籍を留保することになる。その提出により一応日本側も戸籍が登録ができ、日本の戸籍上の国籍留保が記載されるのだが、その後、これが非常に重荷になってくる。

国際結婚家族には、子どもの成長と共に、国籍選択という重い課題がやって来る。国籍選択の問題は、当会の各地の座談会でも毎回取り上げている問題であり、参加者からは、

「国籍選択届は提出した方が良いか？」、「皆さん、どちらの国籍を選ぶのか？」、「何もしなくてよいとも聞くが、それでよいのか？」などの質問が必ず出る。

また最近、子どもの日本での就職活動中に、二重国籍とわかると、「国籍選択届」の提出は済んでいるのかと聞かれたという報告もある。蓮舫氏の二重国籍問題以降は、二重国籍者には「国籍選択届」の提出が必須という考え方だけが一人歩きしているように感じられる。

実際のところ、誰もが子どもに日本国籍をキープさせたいと願っているだけでなく、台湾は父または母の国であり、台湾に住み、台湾で成長し、台湾で教育を受けたのであれば、なおさら中華民国籍も保持したいと考えている。これはごく自然な思いである。

これまで、日本国籍を保持することを目的として、当会会員の多くがその子どもたちの「国籍選択届」を日本に提出してきた。しかし、「国籍選択届」を提出している二重国籍の子はその約二割程度という選択実行率のサンプル調査結果（近藤敦「複数国籍の現状と課題」〈『法学セミナー』二〇一七年三月〉の、法務省のサンプル調査「国籍未選択者は八割」との記載から推測）から考えると、この制度自体に疑問を感じるところである。

国籍については、子どものアイデンティティにも深くかかわる。二つの国のそれぞれの言語を使いこなし、文化を理解し、二つの国のかけ橋となりうる人材であるにもかかわらず、父の国か母の国か、どちらか一つしか選べないというのは、国際結婚家族の子どもたちにとって酷な要求である。

†日台国際結婚家族の願い

このように、中華民国籍を有する二重国籍者は、日本国籍の離脱ができないという現実がある。「国籍選択届」の提出に至っては、必要か否かすら明確ではない。もし日本における運用において、台湾と日本の二重国籍者は、日本国籍の一国籍だけだとみなされ、「国籍選択届」を提出する必要がないならば、日本政府はそれを積極的に公開・告知すべきであり、法務省の窓口でも、我々当事者からの問い合わせに対して、一貫性のある回答をすべきである。

また、「国籍選択届」を提出していない場合にも催告しないならば、大使館などで選択届(提出の必要)について言及する必要がどこまであるのだろうか。そして国籍選択届の提出が不要であるならば、「国籍留保届」により戸籍上の国籍留保の記載が残ることについてもはっきりとした説明が欲しい。

私たちにとっては、すべてが非常に曖昧なグレーゾーンの中にある。中華民国籍に対しては、その曖昧さの濃度をますます深めている状況である。私たちが最終的に望んでいるのは、重国籍について現在のような暗黙の了解ではなく、国籍法の改正による確固たる容認である。

日本がグローバル化政策を推進するのであれば、その結果として今後益々増えていく日本人の国際移動に伴う国際結婚や海外永住により、さらに多くの日本人に二重国籍の問題が生じるのは時代の趨勢《すうせい》である。それ故、多様な社会を目指してもっと寛容な法改正が必要である。また、オリンピック選手のようなアスリートを始めとする各分野で活躍が期待される二重国籍をもつ子どもたちだけでなく、ノーベル賞受賞者に代表されるような、外国に帰化した日本人が今後更なる日本のグローバル化及び国益に貢献できる人材であることをもっと認識する必要がある。そのためにも、国籍法上の重国籍の禁止という重い足かせをはずすべきであると強く主張したい。そして、その実現を期待したい。

第四章

「日台ハーフ」の中華民国国籍

――岡野翔太（大阪大学大学院博士後期課程）

†日台の間での「選択」

東日本大震災の際に、台湾が約二〇〇億円という莫大な義援金を日本に寄せたことで、この国では一気に台湾の好感度が上がったように思う。一九九〇年生まれの私は、台湾人の父と日本人の母を持つ、いわば「日台ハーフ」であり、台湾のプレゼンスが日本で向上していくことは、率直にいって嬉しい。

その反面、複雑な気持ちを抱く部分も少なくない。一九七二年の日華断交のように、政治の都合でいつまた台湾が日本から無視されるのか分からない。そんなひねくれた気持ちを持ちながら、昨今の「台湾ブーム」を見ているのも正直なところである。

大学院に進学し、在日台湾人に関する論文を執筆する機会を得たことで、僭越ながら外部で「台湾」や「在日台湾人」について話をさせてもらうことも増えた。そんなとき、自分の台湾ルーツという出自が、一つの「政治性」を帯び、台湾のことが好きな日本の人から「震災のときはありがとうございました」と感謝されてしまうことがしばしば起きる。日本で生まれ、日本で育っている自分としては、「他人行儀」のように感謝されてしまうと、まるで日本の一員ではないようにも感じてしまう。

また、答えに困るのが、「なぜ台湾は親日なのですか?」や、「あなたのお家は本省人ですか、それとも外省人ですか」といった質問である。かりに「親日」という質問に対して、もし自分の経験から述べることを求められるのであれば、日本の食事は口に合うし、第三国から日本に戻るとホッとする。ただ、日本の学校文化にも身を置いたことのある経験から、日本の良い部分悪い部分を台湾同様に見てきたつもりである。しかし、親のうちの片方が「外国人」である自分が、日本について何かマイナスの意見を述べようものなら、「反日」だというレッテルを貼られやしないかという恐れもなくはない。

戦後の国民党統治以前から台湾にいた本省人か、国民党統治が始まるときに台湾に渡ってきた外省人かという質問も、日本の人々からよく投げかけられる(台湾で聞かれることはあまりない)。もし、外省人だったらそれでどうだというのか。質問者が「親日」だと信じている本省人であれば歓迎されるのか。台湾の外で育っているがゆえに中国(人)や日本(人)から「立場を明確にせよ」と暗に迫られる。例えば中国人からは「中国人ですよね」と聞かれ、日本人からは「親日か反日か」という問いを投げられる。そのように問いかけた者は「私たち」と同じ側にいると無意識に期待しているのではないだろうか。

†「台湾」の政治性

蓮舫氏の「二重国籍問題」に対する一連の批判を見ていくと、日本社会の台湾理解の歪みも透けるように思えた。あるまとめサイトでは、一九九三年に蓮舫氏が「在日の「中国国籍」の者としてアジアからの視点にこだわりたい」と発言したことが批判的に紹介されていた。この件が取り上げられた根底には、「中国と対峙する〝台湾人〟である〝はず〟なのにどうして『中国国籍』というのか」という疑問があるのではないだろうか。

発言時の蓮舫氏自身の思想信条や政治的アイデンティティまで推し量ることはできないが、一九九三年の時点で、台湾社会は国民党が持ち込んだ中国的な歴史観の影響もあり、まだまだ「台湾人意識」は弱く、総じて「中国人意識」のほうが強かった。それは、国民党と対立して台湾独立を目指す運動家は別にして、在日台湾人の間でも同様であった。これを問題視するなら、この当時、総統（大統領）職にあって「中国は統一しなければならない」と演説していた李登輝氏も批判しなければならない。「台湾人」と堂々と言えるようになったのは、ここ二〇年の話である。

「中国国籍」についても、たしかにこの時点で、日本では台湾人であれ中国人であれ、その外国人登録証の国籍表記は一律に「中国」と書かれていた。二〇一二年七月に、「外国人登録証明書」に代わり「在留カード」が発行されたことでようやく「台湾」の記載が認められた。「台湾人意識」同様、日本で「台湾」が可視化されたのもここ一〇年か二〇年の話である。このほか、蓮舫氏が自らを「華僑」と述べたことも批判されていたが、これも戦後、在日台湾人が華僑問題に深くかかわっていた歴史的背景を無視しては語れない。

台湾人のある時点での発言を抽出すれば、直近の台湾社会とのズレは否応なしに生じてしまう。それは政治的にも社会的にも変化の著しい台湾ではよく見られる現象だ。台湾社会を離れ海外に身を置く台湾人であれば、なおのこと、台湾の変化についていくことは難しく、里帰りや親族の訪日でようやくアップデートされるというのが一般的である。

かつての「中国国籍」や「華僑」という言葉は、現在の台湾とは釣り合わなくなっている。日本にいる台湾人がそれを自認するだけで、中華人民共和国と結びつくのかというと、そうではない。そこには、台湾を現実に統治する「中華民国」の影響が見られる。その中華民国がどのような国なのか、日本の歴史教育やマスメディアの報道から迫ることは難しく、一般の人々にも理解されにくい。そうした、複雑な歴史と語られていない現実を丁寧に探ってこそ、蓮舫氏の二重国籍問題、ひいては戦後の日本で台湾出身者の「国籍」がどのように扱われてきたのかに迫ることができると、私は考えている。

なお、ここで取り上げる「日台ハーフ」は日本国籍保持者と中華民国国籍保持者との間に生まれた子とする。そして、「日台ハーフ」の重国籍問題というのは、出生に伴うケースである。両親の国籍が異なる場合によって生じ、この場合の国籍事務から、日本における台湾出身者の法的地位と中華民国国籍の扱いが見えてくる。

ここでは、政治家・蓮舫氏の政治姿勢について評価を下すつもりはない。また同様に、蓮舫氏を擁護するものでもない。くどいと思われかねないところまで断りを入れておかないと、「レッテル」貼りに繋がりかねないと思わされてしまうのが、昨今の状況である。私と同様に「日台ハーフ」の一人である蓮舫氏の二重国籍問題は、日本という国に生まれた台湾ルーツの人すべてにかかわる問題でもあり、日本と台湾の政治・外交関係の裏面史でもある。ただここに、蓮舫氏を例として議論する価値を見出しているだけである。

†帝国臣民だった台湾人

日本における台湾出身者の法的地位と中華民国籍を語る上で、歴史の話は避けて通れない。台湾はかつて一八九五年から日本の統治下にあった。日清戦争によって下関条約が締結され、台湾は清朝より日本に割譲された。

そこで、日本は台湾の住民に対して、一八九五年から二年の猶予を与え、清国籍を取るか、日本国籍を取るかを迫り、清国籍を選んだ者は台湾からの退去が命ぜられ、退去しなかった者は日本国籍を取得したものと見なされた。一八九九年六月二〇日に明治政府によって「国籍法を台湾に施行する件」が公布され、台湾に日本の国籍法が施行される。続く、一九〇五年には台湾で国勢調査が実施され、台湾住民の「戸口調査簿」が作られた。これは、住民の出生から死亡に至るまでの親族関係を記した「戸籍」のようなものだが、そこには種族や犯罪歴などの記載事項もあった。

こうして日本に組み込まれた台湾だが、当然、「同じ国」であるがゆえに、「日本本土」へと移住した台湾人がいる。彼らは、「帝国臣民」であったため、来日の際に旅券は必要なかった。それが一九四五年の日本の敗戦によって、台湾は中華民国政府に接収された。

台湾人の国籍について、中華民国政府は一九四六年一月に台湾人の「国籍回復令」を公布し、「中華民国国民」と見なしたのである。

他方、日本など海外にいる台湾人の中華民国籍を「回復」させる具体的な手続きとしては、一九四六年六月二二日の「在外台僑国籍処理弁法」の公布を待たなければならなかった。そして、中華民国駐日代表団はこの弁法に基づいて登録を行った台湾人を中華民国国民と認め、「華僑臨時登記証」を発行した。

「華僑」は在外の「中国」国籍保持者だと言える。この時点での登記が、在日台湾人ともともと日本にいた「華僑」の融合を進めていった。この登録は在外国民を対象とした「国籍登録」のようなものである。しかし、こうした中華民国政府の取り決めは限定的な効力しか有しないものであった。たとえば、GHQ占領下(一九四五〜一九五二)の日本において、引き続き日本に居住する朝鮮人および台湾人など旧植民地出身者とその子孫の法的地位は、時には「日本人」として扱われ、またある時には「外国人」として扱われていたことからも、あいまいな状況をうかがい知ることができる。

それが、一九五二年のサンフランシスコ平和条約の発効による日本の主権回復によって、旧植民地出身者は日本国籍を喪失したものとみなされ「外国人」となった。しかも戦前来日台湾人の永住問題が解決したのは、さらに長い時を経て、一九九一年に入ってからのことである。

†日本国籍から中華民国籍へ

一口に「在日台湾人」と言っても、①戦前から日本に在住する台湾人及びその子孫と、②戦後に中華民国（台湾）旅券（中華民国護照）を持って台湾より来日した、外省人を含む台湾人及びその子孫に分けられる。

また、台湾には「国民身分証」の制度がある。これは台湾に戸籍のあるものに対して交付される。台湾の戸籍は住民登録と身分登録機能を併せ持っており、後で詳しく述べるが、単に「中華民国旅券」があるだけでは台湾に行くにも査証（ビザ）が必要となる。台湾の戸籍は、日本統治時代に作られたものが引き継がれ、管理されている。戦前に台湾に住んでいた人の場合、やがて日本に渡ったとしても、日本語で書かれた日本統治時代の戸籍にその者の記載はあるはずである。

彼らのうち、戦後、台湾にいったん帰って申告すれば、中華民国政府が作成する戸籍が作られる。ただ、もし本人がそれをしていなければ、その者の情報は日本統治時代の戸籍で止まる。その場合、本人が日本で結婚し、やがて中華民国籍を持つ子どもが生まれようが、台湾で申告をしていなければ、戦後の台湾の戸籍上には存在しない。そのため、①の者には、かつて日本にある華僑総会で結婚や家族の登記を行っていたものが多い。

一九四九年に中華人民共和国が成立すると、華僑総会などの組織も影響を受けた。日本は一九七二年まで中華人民共和国と国交を結ばなかったものの、華僑の中にはそれに不満を抱き、中華人民共和国を支持する華僑総会を立ち上げるものもいた。こうして、日本各地で、中華民国支持の華僑総会と中華人民共和国支持の華僑総会が形成され、現在に至っている。華僑同士の「中国派」と「台湾派」の対立などと呼ばれるものはこうした部分に起因している。

台湾人だから中華民国、中国人だから中華人民共和国と分かれているのではない。むしろ、①の時代に来日した台湾人のなかには、国民党の台湾での圧政と新中国への期待から中華人民共和国支持の華僑総会を牽引するものも一定数いたのである。彼らの中には、中国の新国家建設のために中国へ渡った者もいれば、一九七二年の日中国交回復を機に、中華人民共和国旅券を取得した者もいる。また、中華民国が大陸を統治していた時期までに来日した中国大陸出身者とその子孫のなかには、現在も中華民国旅券を持つ者がいる。

†変化する中華民国

今、台湾にある国家は「中華民国」である。この中華民国は一九一二年から一九四九年までの間、中国大陸を支配していた。中華人民共和国の成立によって、中華民国は台湾へと遷り、その統治領域は台湾とその周辺諸島である澎湖・金門・馬祖に限定された(地理的概念としての「台湾」)。

しかし、一九八〇年代頃まで中華民国は「台湾」を含む中国全土を支配する国家だという建前をとっていた。一方の中華人民共和国は、その成立段階で中華民国を過去のものだとみなした。そして彼らにとって「台湾」は、中華人民共和国の一部であり、解放すべき場所となった。

中華民国と中華人民共和国は互いにその存在を認めていない。近年、中華民国はやや軌道修正しているが、双方とも自らが国交を結ぶ相手には、その一方を認めないよう要求してきた。一九五二年から一九七二年まで、日本は中華民国と国交を結んでいたが、その間、中華人民共和国とは結んでいない。一九七二年に日中の国交が結ばれると、中華民国とは国交を断絶した(日華断交)。二〇一八年現在、中華民国はパラグアイやバチカンなど一七カ国と外交関係を有しているが、それらの国々は、中華人民共和国と国交を有していない。

ややこしいのは、「台湾」内部でもこの中華民国について意見が分かれていることだ。さらに今や中華民国は「台湾」規模の統治空間に落ち着き、そこで「台湾」住民の民意によって総統が選ばれていることである。

「台湾」の国民党からすれば、中華民国は自らが率いて樹立した国であり、中国大陸を統治していた時代も自らの歴史である。一方、民進党はかつて「台湾共和国の建設」を掲げていたが、一九九九年には「台湾」はすでに独立した国家であるとの認識のもと「台湾前途決議文」を採択し、中華民国体制を容認した。民進党の頼清徳氏は「独立派」としても知られるが、行政院長（日本の首相に相当）時代「台湾は主権独立国家であり、その国号は中華民国という」と述べている。しかし、なかには中華民国体制そのものからの独立を主張する勢力もある。

いずれにしても、中華民国政府は依然として「台湾」を統治し、かつて台湾独立を主張していた民進党から中華民国総統が輩出されるようになっている。そして、中華民国を大陸から「台湾」に移し、長らく中国共産党と対立していた国民党が、今やそれと蜜月関係にある。そうした状況は、とくに日本にいる人々からすれば「台湾」や中華民国の像を、混乱させるものであろう。

†承認されていない国の「国籍」継承

さて、そのような中華民国であるが、その国籍法は部分的に修正されたとはいえ、大陸時代に制定されたままである。では、国民はどのように定められているのだろうか。中華

民国国籍法二条を見ると、
一、出生の時、その父又は母が中華民国国民であるとき
二、父又は母が死亡した後出生した者で、その父又は母が死亡の時に中華民国国民であった者
三、中華民国で出生した者で、その父母がともに知れないか又は国籍を有しない者
四、帰化した者

となっている。台湾は「重国籍」を容認しているから、出生の時に片方の親が中華民国籍を有していれば、その子は、一の規定から見て、潜在的に中華民国籍を有していることになる。そのため、必然的に「日台ハーフ」についても、中華民国政府によって、中華民国籍を有しているとみなされよう。

かりに「重国籍」状態を徹底的に解消させ、どの国から見ても絶対的な「単一国籍」保持者とさせたいのであれば、台湾か日本、どちらかの旅券の申請資格そのものを放棄することになろう。つまり、一方の国籍の離脱である。日本が二二歳までの「国籍選択」を徹底するなら、中華民国籍を喪失する手段をとることになるが、台湾の国籍法では内政部の許可を得ることで中華民国籍を喪失することができるとなっている（台湾国籍法一一条）。

では、中華民国籍を喪失していないとなると、台湾でどのような問題が生じるのだろう

か。日本でも外国籍のものが日本国籍を取得（帰化）するケースがあるように、台湾においても中華民国籍への帰化を望む外国人もいる。しかし、出生時に父又は母が中華民国国民であった「日台ハーフ」は「中華民国国民」の扱いとなるため、帰化の申請手続きを行うことができない（出生時点で父母が中華民国籍でなかったなら、この要件から外れる）。なお、台湾での「永久居留（永住）」も外国人が対象であるため、この場合も「日台ハーフ」は申請の資格を有さない。

そして、「日台ハーフ」の親のもう一つの国籍国である日本はというと、中華民国を承認していないため、その国籍を「存在していないもの」として扱っている。そうなると「日台ハーフ」は日本から見て「単一国籍保持者」となってしまう。出生による「重国籍」ともならず、二二歳までの「国籍選択」をする必要すらないとも考えられる。

これを自ずと証明してくれるものがある。それが日本の戸籍謄本である。先に、二〇一二年より住民票・在留カードでは「台湾」と記載されることが認められたと述べたが、それはあくまで中華民国旅券を所持する本人の日本での証明書類上の問題である。外国籍の者の戸籍は作られない。しかし、外国籍の者が日本国籍を持つ者の配偶者となった場合、その配偶者の戸籍に婚姻した情報（配偶者の氏名、生年月日、国籍）のみ記載される。この戸籍で記載される「国籍」では「台湾」とは記載されず、「中国」となる。

「日台ハーフ」は片親の日本国籍を継承するため、まずは日本国籍の親を筆頭者とする戸籍に入ることになるが、実際には「中華民国籍」の親であっても、戸籍上の情報（親の配偶者の欄）では「中国」としか記されていないため、それだけでは中華人民共和国なのか中華民国という国名を持つ台湾なのか、ここでは判断できない。

そもそも台湾と中華人民共和国を同じ「中国国籍」として扱ったとしても、台湾は重国籍を認め、中華人民共和国はそれを認めていない時点で齟齬が生じている。そのため、台湾からすれば「重国籍」となり、日本からすれば「単一国籍」という「日台ハーフ」が存在してしまう。

中華民国は国籍と戸籍を明確に分けている

一般的な日本人から見て、旅券を持っていれば、その発行国の「国民」としていつでも自国に帰ることができると考えるであろう。しかし、台湾はそうなっていない。

仮に、この日本生まれの「日台ハーフ」が日本旅券に加えて、中華民国旅券を持っていたとしよう。ただ、中華民国旅券を持っているだけでは、台湾に帰国することすらできないうえ、銀行口座の開設や携帯電話の契約すら困難である（日本国旅券のみを使って台湾に行けば往来に問題はない）。また、徴兵もすべて、戸籍があるかないかで判断される。戸籍がなければ、たとえ中華民国旅券を持っていても、その対象とはならないのである。

これは台湾が国籍と戸籍を明確に分けていることが理由である。親の国籍は形式上継承できても、台湾以外の場所で生まれた場合、親は一度その子を台湾に連れ帰って自分の戸籍に登記をしない限り、戸籍は与えられない。

海外生まれであれば、戸籍登記をすることで、台湾生まれ育ちの中華民国国民同様に、一四歳以上になれば「中華民国国民身分証」を発行してもらえる。この海外生まれの中華民国国民が「身分証」を得るには、まず、台北駐日経済文化代表処などの駐外公館で、中華民国旅券を申請しなければならない。

このとき、その者は台湾にまだ戸籍がない状態なので、「無戸籍国民」用の中華民国旅券が発行される。そして、別途「入国許可証」を申請し、それを旅券に添付してもらうことで、台湾に入ることが可能となる。台湾帰国後、親の戸籍への登記を完了させ、続けて「無戸籍国民」用の中華民国旅券を「国民身分証番号」の記載されたものに切り替える。その後、この身分証番号の記載された旅券を用いて台湾を発つ、という流れだ。なお、台湾に戸籍を入れず「無戸籍国民」用の中華民国旅券を生涯更新し続けていくことも可能である。

こうした登記手順こそ設定されているものの、海外生まれの子を台湾の戸籍に入れるかどうかは強制ではなく、各々の判断に任されている。男子であれば徴兵問題から戸籍に入れない親もいる。海外生まれのわが子を台湾の戸籍に入れることが可能だと知らない（あるいは考えたことさえない）親もいる。

これが、台湾生まれの「日台ハーフ」であれば、台湾で戸籍登記されているケースが多く、日本旅券、中華民国旅券、中華民国国民身分証の三つを持っているかもしれない。

いずれにせよ、海外生まれの子の登記手続きは二〇歳までに完了させていると比較的簡単である。二〇歳を超えてしまうと、まず「無戸籍国民」用の中華民国旅券で台湾に入国した上で、長期居留の申請をし、それから最低でも連続一年以上居住しないと戸籍登記はできず、「身分証」をもらえない。

ここまでの説明で、台湾の旅券には二種類あることがお分かりいただけただろう。一つは「無戸籍」国民用の旅券と、もう一つは台湾に戸籍のある国民用の（国民身分証番号の記載された）旅券である。この二つの旅券の見た目は変わらない。ちなみに二〇一八年現在、日本を含め約一四九の国と地域が、中華民国に対して査証免除措置を実施している。しかし、このほとんどが後者の中華民国旅券を対象としている。日本も同様で、ビザ免除国・地域を紹介した外務省のホームページには「台湾のビザ免除の対象は，身分証番号が記載された台湾旅券を所持する方に限ります」との記載がある。

日本生まれの「日台ハーフ」の旅券事情を見ても、①日本旅券しかない、②日本と台湾の旅券を持ち台湾にも戸籍がある、③日本と台湾の旅券の両方を持つが台湾に戸籍はない、④過去に中華民国の旅券を持っていたが更新はせず、現在は日本の旅券のみを持つが台湾に戸籍はある、⑤過去に中華民国の旅券を持っていたが更新はせず、現在は日本の旅券のみを持ち台湾に戸籍はない、といったケースが考えられる。

日本は、「日台ハーフ」に中華民国国籍法を適用させていない中、台湾も国籍と戸籍を明確に区分している。蓮舫氏のケースのようにそうした「重国籍」を問題視するとすれば、一体どのレベルで、日本（社会）側はそうした者を「重国籍」保持者だと見なすのだろうか。中華民国の国籍を形式的にでも継承している事実からだろうか、それとも中華民国旅券の所持なのか、あるいは国民身分証の所持か、それとも本人がその事実を知った時点だろうか。

蓮舫氏は、内政部の発行した「中華民国国籍喪失許可証」を日本の役所に提出して「不受理」となっているが、「不受理」に至るまでの行為をしてようやく、日本の世間一般は「中華民国国籍を喪失した」と見なしてくれるのだろうか。「日台ハーフ」の感覚としては、ほかの「ハーフ」と比べて、不公平感があることは否めない。

†日本国籍を放棄できない「日台ハーフ」

日本の国籍法一三条では、「外国の国籍を有する日本国民は、法務大臣に届け出ることによつて、日本の国籍を離脱することができる」とされている。たとえば、出生によって日米重国籍となったものは、日本国籍を放棄することができる。また、日本国憲法でも、居住移転の自由、職業選択の自由、外国への移住、国籍離脱の自由についての規定がなされている。

ところが、「日台ハーフ」は日本国籍を放棄して、中華民国籍のみを選ぶことはできない。これも、「日本の単一国籍」ということが理由で、「日本国籍しか持っていない人が、一体どこの国の国籍を選ぶのですか」という話になる。国籍の離脱は、その者にもう一つ別の国籍があってのみ可能となる。未承認政府の「中華民国籍」は日本にとって、「国籍」ではないので、これを選択することを理由として日本国籍を放棄することはできない。

二〇一八年七月、筆者は神戸の法務局に対して、「日台ハーフは日本国籍を離脱できるのか」と問い合わせた。応じた担当者によると、①日本は台湾を国家承認していない、②いわゆる「台湾護照」（注：中華民国旅券を指す法務局側の言葉）を持つ人が日本国籍の人と結婚し、子をもうけた際、日本側としてその子の国籍については日本と中華人民共和国の国籍法を参照する、③中華人民共和国は二重国籍を認めていない。その子が日本国籍を取得できる場合、中国国籍を与えないことになっている。④以上の点を鑑みて、日本は「日台ハーフ」を日本の単一国籍保持者とみなしている。

こう回答をした上で、「もしどうしても、日本国籍を離脱したいのであれば、本人が中国国籍を持っているという証明を中華人民共和国の大使館や総領事館に行って発行してもらうことができたならば、日本国籍の離脱も可能かもしれない」というものであった。

そうした行動をとった人が過去にいたかどうかは定かではないが、これは中華民国国籍を有する人間にとっては事実上不可能に近いことの強制に等しい。日本政府が中華民国を国家承認していないとはいえ、台湾にルーツを持つ者が「中華人民共和国」の大使館より「中国国籍」の証明をもらうことは総じて心理的なハードルが高いだけでなく、万が一、台湾側に知れたら、台湾人の中国との往来を規定する「両岸人民関係条例」に抵触して、中華民国国籍や台湾の戸籍すら抹消されかねない。そうなれば、本当に「無国籍」となってしまう。

†「日台ハーフ」のグレーゾーン

「日台ハーフ」の国籍問題は、日本においては日中台の外交関係のなかでグレーゾーンに据え置かれていたといっても過言ではない。当事者が日本社会から誤解を受けないよう「日本側では日本単一国籍扱いだから何も手続きしなくてよい」と広報すればよいものを、法務省はそれすらも行わない。

あいまいな法運用のなかで、世間一般が「日台ハーフ」の重国籍を問題とするならば、どの段階が問題視されていて、一体誰に向けて自らの国籍事情を公表し、誰から「許し」を得ればいいのか。日本のメディアなどで「親日台湾」のイメージが語られている中、日本に生きる「日台ハーフ」に対してこんな仕打ちはいかがなものだろうかと思わせる。

いまや、日米「ハーフ」で日本国籍を有する小野田紀美氏という国会議員もいる。中華人民共和国国籍から日本国籍に帰化した中国出身者で新宿区議を目指す李小牧氏も登場している。日本と台湾の人的往来は日に日に盛んになり、EXILEのAKIRAと林志玲《リンチーリン》のような日台国際結婚カップルも増えている。将来、日本国籍を持つ「日台ハーフ」が、日本の国会議員のような公職を志すこともあろう。

一九四五年以前、台湾人は「日本国籍者」であった。そして、一八九五年に日本が台湾を領有する以前、台湾人は当然「日本国籍者」ではなかった。前述のように、日本は台湾を統治するに当たり、台湾人に清国籍をとるか日本国籍をとるかを迫った。清国籍を選択した台湾人を台湾から退去させ、退去しなかった者には日本国籍を与えた。台湾で生きていたら「日本人」になるように迫られ、それも束の間で「日本人」ではなくなり、そして「中華民国国民」になって日本に引き続き住んだが、日本と中華民国の国交がなくなった。すべてが日本の責任だというつもりはないが、自己の志望とは関係なく、日本の領土の拡大と縮小によって、台湾の人々の国籍が勝手に決められたことは、在日台湾人に共通する国籍の記憶でもあろう。

「国籍」とは何か。それは果たして当事者にすべての解決の責任を押し付けていい問題なのか。日本社会はいま一度、その点に目を向けるべきであろう。

第Ⅱ部　国籍と日本人

第五章

日本国籍の剥奪は正当なのか

――仲晃生（弁護士）

†帰化資格は「勇者の証」

日本の国籍法一一条一項は「日本国民は、自己の志望によつて外国の国籍を取得したときは、日本の国籍を失う」と定めている。

この条項に対して、二〇一八年三月、欧州在住の原告八名が、国を被告として、東京地方裁判所に、日本国籍を離脱する意思のない者からも日本国籍を剥奪する違憲無効な規定であると主張して、訴訟を提起した。「国籍はく奪条項違憲訴訟（国籍法一一条一項違憲訴訟）」である。

私は、弁護団事務局長弁護士として、この訴訟に提訴の準備段階からかかわってきた。本章では、提訴に至る経緯や、二〇一九年五月九日に行われた第四回口頭弁論期日までに提出された原告被告双方の主張を紹介する。本章で述べる事実関係や法律論の要約、立法論、たとえ話などの文責は私にある。

まず最初に、国籍法一一条一項はどんな問題を引き起こしているのかイメージをつかんでもらいたい。そこで、読者の皆さんには、次のような状況を、想像してみてほしい。

あなたは、日本国籍の両親の子として生まれ、日本人として育ってきた。あなたの家族や親戚――兄弟姉妹、叔父や叔母、甥や姪、従兄弟や従姉妹――か、親しい友人が、世界で自分の力を試してみたいと言って、外国へ渡った。彼・彼女も、日本国籍の両親の子として生まれ、日本人として育ってきた、生粋の日本国民だ。

どこの国でもそうだろうが、外国人が現地の人たちとの競争を勝ち抜いていくのは容易ではない。就ける職業に制限があったり、不動産のような大きな財産の取得にも制約があったりする。研究者であれば、研究費の獲得に居住国の国籍が必要な場合もある。

あなたの家族や友人は、五年あるいは一〇年間、異国の地において、死に物狂いで闘い続けた。気づくと、その国の国籍を取得する資格を手にしていた。一般的に言って、外国人が帰化しようとする場合、一定の言語能力や現地社会に溶け込めていることなどが求められる。ハードルは低くない。帰化資格を得られたこと自体、讃えられるべき勲章のようなもの、勇者の証だ。あなたの親戚・友人は、現地社会での競争をより有利に戦えるようになりたいと考え、その国の国籍を取得したいと望んだ。あるいは、その国で築き上げてきた財産——経営している会社や不動産など——を確保し、家族に継がせていくため、その国の国籍を取得したいと望んだ。そして、そのための手続きを行った。

あなたは、彼・彼女が日本国籍を剝奪されるべき何かをしたと考えるだろうか。

もう一つ、別の状況も想像してほしい。

あなたの家族か、親しい友人が、外国人と恋に落ち、結婚し、パートナーの国に移住した。何年かその国で暮らすうちに、現地の国籍を取得する資格を手に入れた。

どこの国でもそうだろうが、外国人として暮らしつづけることは、制約や不安定さと隣り合わせだ。たとえパートナーがその国の国籍を持っていても、外国人である以上就労や行政手続など日常生活の様々な場面で制約がある。いざ離婚や死別でパートナー関係が解消されたとき、その国での生活を無事継続できるのか不安がつきまとう。社会保障など自分の暮らしに大きな影響を与える現地の政策決定にも、かかわれない。そこで、彼・彼女は、現地の国籍を取得したいと望み、その手続きを行った。

あなたは、彼・彼女も日本国籍を剝奪されるべきことをしたと考えるだろうか。

また一つ、違う状況を想像してみてほしい。

あなたの家族か、親しい友人が、先ほど挙げたどちらかの場面で、居住国の国籍を取得することなく、現地の長期在留資格だけで、長年にわたり、耐えてきた。その国で子どもたちも生まれ、それなりの財産も築いた。日本国民であることを誇りに思い、現地でそのまま、日本人として骨を埋めるつもりだった。

ところが、一〇年、二〇年が経ち、日本で暮らす老親の介護のため、彼・彼女は、長期にわたり日本に帰国しなければならなくなった。しかし、半年以上続けて居住国を離れると、その国の在留資格は失われてしまう。やむなく彼・彼女は、その国の国籍を取得した。

あなたは、彼・彼女も日本国籍を剥奪されるべき何かをしたと、考えるだろうか。

†時代に合わない剥奪条項

以上の問いかけに、あなたは、彼・彼女は日本国籍を剥奪されるようなことはしていないと答えるかもしれない。しかし、日本の国籍法は、それを許さない。彼・彼女の日本国籍を自動的、機械的に、本人の意思など無視して、喪失させる。

犯罪を犯しても奪われることのない日本国籍を、彼・彼女は剥奪される。これが国籍法一一条一項、つまり日本国籍剥奪条項のもたらす帰結である。国籍法一一条一項は、日本国外で生きていこうとする日本国民を後押しせず、足を引っ張る。

国外だけではない。日本国内でも問題は生じている。日本で暮らしている日本人とロシア人の国際カップルが、子どもの出生をロシア大使館に届ける手続きをした。ところが、その手続きがロシア国籍の取得申請だと解釈され、子どもに国籍法一一条一項が適用され、日本国籍を奪われてしまった——。そんなケースが現実に多数生じているのだ。

国籍法一一条一項は、現代の人の暮らしに合っていない。人の暮らしの実態を無視して、法律に人を無理やり押し込める。それはまるで、足に合わせて靴を作るのではなく、靴に合わせて足を切るようなものだ。

もちろん国籍法も、国の最高法規たる日本国憲法に反すれば無効である（憲法九八条一項）。これまで最高裁が法令を違憲とした判決は一〇あり、その一つは当時の国籍法三条一項（父が日本国民で母がそうでない婚外子は、出生後に父から認知されても、父母が婚姻して嫡出子にならない限り日本国籍は付与されないという規定）が憲法一四条（平等原則）に違反するとしたものだ（二〇〇八年最高裁大法廷判決）。

もし国籍法一一条一項が憲法違反で無効なら、外国籍を志望して取得した人も日本国籍を失うことはない。今の国籍法が制定されたのは一九五〇年。制定当初からこの条項が憲法違反で無効だったと明らかになれば、これまで国籍法一一条一項で日本国籍を喪失したと扱われてきた人たち――著名人ではノーベル賞を受賞した米国籍の南部陽一郎氏や中村修二氏、英国籍のカズオ・イシグロ氏ら――が日本国籍を失っていなかったことになる。

すでに戸籍法上の国籍喪失届を出してしまった人も同様だ。国籍喪失届は単に外国籍取得の事実を報告するものに過ぎず、国籍離脱や国籍選択の意思表示を意味しない。日本国籍を離脱するかどうかは、本人が別途決めれば良いことになる。外国籍を取得したいが日本国籍を失いたくなくて躊躇っている人たちも、安心して外国籍を取得し、活躍の場を広げ、生活の安定を確保できるようになる。

「国籍はく奪条項違憲訴訟」の原告たちは、そこを目指して闘っている。

では、原告たちはどのようにして訴訟という闘いに踏み出したのか。

†スイスから京都へ

二〇一七年一〇月の日曜日。関東の友人から京都の私に、「スイス在住の実業家で、国籍法一一条一項がおかしい、訴訟で争いたいと言っている人がいる。話を聞いてみてもらえないか」と、電話があった。

友人は、複数国籍容認を求める国会請願署名活動の中心メンバーで、私もその署名グループに参加している。即座に私は「話を聞いてみましょう」と答えた。国籍法一一条一項の違憲性を直接に争った先例はなく、勝ち目のない話ではないと考えたからだ。

ただ、スイス在住のその実業家がどういう人物なのかが、気になった。ほんの一年ほど前に起きた蓮舫氏騒動であらわになった複数国籍（重国籍）に対する偏見と嫌悪感が、日本社会から消え去ったとは思えない。訴訟を起こせば、複数国籍を求めて国家の根幹を揺るがす不届き者だとして、原告が激しいバッシングにさらされるおそれがある。

だが、友人の話では、そんなことに怯む人物ではなく、何があろうと訴訟をしたいと強く望んでいるらしい。一体、何がそこまでの決意を彼に持たせたのか興味が湧いた。

思えば複数国籍を否定しようとする国籍法は、国境を越えて生活や家族関係が広がる現代人の暮らしに合っていない。多くの人の足かせになっている。海外で暮らしているからこその切実な使命感があるのかもしれない。

友人の電話を切ると、すぐにスイスから電話があった。「国籍はく奪条項違憲訴訟」の原告代表となる、野川等氏からの電話だった。

†発端は領事部書記官の要求

その電話を機に、私は、野川氏と連日のように電話やファックスで連絡を取り、事実関係を確かめていった。

野川氏は、一九四三年、日本国籍の両親から神奈川県で生まれた、生来の日本国民である。一九六〇年代末、世界各地の孤児を支援するペスタロッチ子どもの村の教育責任者として招かれ、スイスへ渡った。一九八〇年代半ば、現地で貿易会社を立ち上げ、事業を始めた。二〇〇〇年頃、その会社がスイスの公共事業に入札しようとしたとき、経営者がスイス国籍であることが条件だった。この条件をクリアするため、野川氏はスイス国籍を取得した。その時の野川氏は、国籍法一一条一項を知らなかった。

数年後、野川氏は、友人から同条項について教えられ、驚いた。だが、スイス国籍を取得して日本との複数国籍状態で生活している人はスイスには大勢いる。問題が起きたと聞いたこともない。また、野川氏の会社がスイスの公共事業に入札したことは現地の経済界では知られた話で、在スイス日本大使館は野川氏のスイス国籍取得をとうの昔に把握しているはずだ。なのに、何の問題も指摘されていない。野川氏は、自分はスイス国籍を取得しても日本人であることに変わりはないと考え、変わらぬ生活を続けた。二〇〇八年には若手音楽家育成のための基金を設立し、以来、日本とスイス、日本と世界各地の友好を促進する活動を展開してきた。最近も毎年のように日本で、東北や熊本の復興支援コンサートなどを開催している。二〇一〇年からはバーゼル日本人会の会長を務めてもいる。

そんな野川氏が国籍法一一条一項の違憲性を訴訟で争いたいと決意したのは、在スイス日本大使館の書記官から受けた不可解な扱いがきっかけだった。

二〇一三年一二月、野川氏は、防衛省から大使館領事部に出向していた書記官から、スイスか日本の旅券のどちらかを選ぶよう、突如、電話で迫られた。野川氏は、それが決まりなら仕方がないと諦め、スイスの旅券を選びますと答えた。そして、同書記官の指示に従い、戸籍謄本等を集め、同書記官が指定したクリスマス・イブに大使館へ持って行った。ところが、野川氏を呼び出した当の書記官は不在で、別の職員から書類の不足を指摘された。不審に思った野川氏は、手続きを完了しないまま、大使館を後にした。

その後、野川氏は、日本スイス国交樹立一五〇周年記念事業の準備に忙殺され、書記官の指示のことはすっかり忘れていた。記念事業がすべて終わった二〇一五年四月、「在スイス大使」名義で「追完（補正）催告書」という書面が届いていたことに気づいた。読んでみると、不審な点がいくつもあった。

まず、期限までに不足書類の追加提出をしないと過料に処されることがあると警告する重要な文書なのに書留ではなく、大使館内の消印でもない。大使が通常使う「特命全権大使」という肩書ではなく「在スイス大使」という簡略すぎる肩書になっているのも不可解だ。野川氏は、あの書記官が大使名義を騙って送りつけたものではないかと疑った。そこで、大使に会い、この催告書に署名しましたか、と直接尋ねた。大使は、署名したことはない、と答えた。

野川氏は、これらの経緯と、自分だけが狙い撃ちされて国籍喪失届の提出を迫られているらしきことに強い不審を覚えた。そして、国籍法一一条一項について調べはじめた。その過程で、国籍喪失届は国籍法ではなく戸籍法に定められていること、所管する法務省は、外国籍を取得して海外に暮らしている人には国籍喪失届を提出する義務がないとする運用をしているらしいと、知った。

防衛省出身の書記官の行ったことが越権行為だった可能性に、野川氏は気づいた。思えば、野川氏は、彼の前任として防衛省から出向してきた人物について、在スイス邦人への接し方が威圧的であるとして、現地邦人を代表して苦情を大使館に伝えたことがあった。その意趣返しをされたのかもしれないと野川氏は考えたが、本当のところはわからない。いずれにせよ、その後、野川氏の日本旅券の更新は認められなかった。野川氏は、自分の大切な何かがえぐり取られたような痛みを感じた。

野川氏は、国籍法一一条一項について、調べ、考えつづけた。個人を狙い撃ちにするような平等でない運用がなされるのは、まともな法律でないからではないか。そもそも、外国籍を取ったからといって、なぜ日本国籍を剝奪されなければならないのか。こんな暴力的な法律をそのままにしておくのは、世界に羽ばたこうとする日本の子どもたちのためにならない。誰か声を上げる「馬鹿」がいないと何も変わらない、何も始まらない――。野川氏は、「私のような馬鹿、おっちょこちょいがいないとダメなんですよ」と、電話口で笑った。

私には野川氏の憤りはもっともに思えた。国を相手に、たとえ世論を敵に回してでも訴訟を闘いたいという覚悟も確かに伝わってきた。ちょうどその時期、野川氏の友人が日本に一時帰国していた。彼と京都駅で会って話をし、野川氏を支える友人たちがスイスにいることもわかった。私は、野川氏の依頼を受けることに決めた。

野川氏は、来年三月に若手音楽家支援基金のコンサートツアーで日本に帰国するので、その時に合わせて提訴したい、と希望していた。提訴まで四カ月ほどしかない。私は国籍法一一条一項について調査を始めた。

†次々と現れる賛同者

その頃、欧州では、野川氏に賛同する人が次々に現れていた。その中から、外国籍を取得したために日本国籍を失ったとの扱いになっている五名と、日本国籍を失いたくないという思いが強く外国籍を取得したいができないでいる二名が加わり、総勢八名の原告団が結成された。

前者五名は、引退した著名なシェフ、野川氏同様欧州で会社を立ち上げ財を成した実業家、若い建築家や、現地で生まれ育った芸術家、技術者。現地国籍を取得した理由は様々だ。たとえばAさんは、事故で夭折した息子の墓地の隣に永眠する地位を確実なものにするため、現地国籍を取得した。その後も現地邦人社会のために尽力してきた。

Bさんは、自分が設立した会社の経営権を確保するには現地国籍が法律上不可欠だったため、取得した。家族バラバラの国籍になるのは良くないと考え、夫婦と子ども揃っての取得だった。その時、日本国籍を捨てるという意識は微塵もなかった。やがて、先立たれた妻の死亡届を日本領事館に出そうとしたところ、家族全員の国籍喪失手続が取られてしまった。妻の死亡届は受理されず、全員が除籍されたBさんの戸籍の中で、彼の妻はまだ生きたままだ。Bさんは、日本国籍があると認められたら次の日に死んでもいい、と語る。

未成年の時に日本国籍の両親の意向で現地国籍を取得させられた人もいる。親の選択の結果とはいえ、親子の国籍がバラバラになったことで、何かの拍子に家族がバラバラにされてしまうのではとの不安を抱えて育った。日本に帰国した際、急に日本人の一員として扱われなくなったときの衝撃が忘れられないと、皆一様に語る。

外国籍を取得したいと望む原告のCさんは、若くして欧州に渡り苦学して現地企業にスカウトされ、厳しい競争を生き残ってきたビジネスマンだ。現地で国際結婚し、いずれ子どもができたときに家族全員に共通する国籍を持ちたいなどの理由で、現地国籍の取得を希望している。Dさんは、パートナーの故郷の国に渡り、現地に進出した日本企業を支援する仕事に何十年も携わってきた男性だ。仕事の幅を広げたいなどの理由で、やはり現地国籍の取得を希望している。

三〇代から八〇代までの経歴も性別も様々な人たちが、国籍法一一条一項をこのままにしておいては、自分だけでなく将来の世代まで、このおかしな法律で苦しめられ続けることになる。そう考えて原告になった。訴訟を応援したいという声も、次々に聞こえてきた。

†蓮舫氏問題で生じた懸念

一方、私は、蓮舫氏騒動で顕《あらわ》になった日本社会の空気が気になり続けていた。野川氏も、蓮舫氏騒動で見せつけられた複数国籍に対する批判的世論を非常に警戒していた。複数国籍を認めてほしいという訴訟ではなく、日本国籍を剝奪するなという訴訟にしたいと、繰り返し、私に対して伝えてきた。

野川氏の着眼は戦略として理に適っている。日本国籍剝奪という激烈な処遇の是非を争えるのが今回の訴訟の特長であり、原告に有利な点だ。これほど酷い扱いが許されるのかと、問うことができるからだ。

ただ、国籍法一一条一項の立法目的が複数国籍防止とされている以上、複数国籍の是非が争点になるのは避けられない。勝訴を目指すなら、複数国籍を否定しようとする見解に正面から反論し、裁判所はもちろん世論の理解を得ていく必要がある。そうすることで、国籍法一一条一項に直接関係しない人々にも支援の輪が広がっていくだろう。そう説明すると、野川氏らは理解してくれた。

また、野川氏は相談当初から、原告が亡くなれば憲法判断が得られなくなるのではないかと、心配していた。たしかに、外国籍を取得した原告が今も日本国籍を持っていることの確認を求める訴訟は、原告らの希望を正確に反映する訴訟形態だが、原告が高齢等で死亡したら(当初、野川氏は一人で訴訟を起こすつもりだった)、訴訟は強制終了となり、裁判所の憲法判断にたどりつけない。そこで、原告死亡後も遺族が訴訟を承継できる国家賠償請求訴訟を併せて提起することにした。

後日談になるが、提訴から一年余が経った後、野川氏は、訴訟支援者との集会で、自分が死んでも憲法判断がされるようにと求めたのは、複数国籍に関する国の政策に真っ向から異を唱える訴訟を一人で提起するからには、自分の身に何が降りかかるかわからない、万一のことがあっても、裁判所の憲法判断だけは引き出したい、そう考えたからだったと、明かした。

原告団が結成された後で振り返れば、いささか大げさな心配だったとも見える。だが、訴訟提起の相談を受けた時期、複数国籍について議論することさえタブーのような緊張感が、日本国内にはあった。そしてその緊張感は、在外邦人社会にも伝わっていた。国境をいくつ越えても、日本社会と在外邦人・日系人社会とのつながりは切れることなく、確実に存在している。

†複数国籍は二刀流⁉

椎名基晴弁護士は、私の所属する法律事務所の所長である。私が今回の訴訟準備についての雑談混じりに相談すると、椎名弁護士は、複数国籍をどこまで肯定すべきか個人的な結論は出ていないと断ったうえで、「国籍法一一条一項は、日本のことを思い、日本のために尽くし、今後も尽くそうとする人からも、本人の意思を無視して日本国籍を剝奪する。ひどい話だ。この訴訟は、保守的な人も共感しやすい、面白い訴訟になると思う」「国籍法一一条一項が無効になっても外国籍を取得した人は国籍離脱や国籍選択制度という既存のルートに乗るだけで新たな立法措置が不可欠ではないから、裁判所も違憲判決を出しやすいのではないか」など、私が思いもしなかった視点を提供してくれた。私は、椎名弁護士を巻き込み、弁護団を結成した。複数国籍の肯否について様々な立場、考えの人が共闘できる点に、原告主張の強みが現れている。

椎名弁護士はまた、「日本の歴史を見ても、お輿入れしたお嫁さんや婿入りした養子が、婚姻や養子縁組でつながった二つの家の両方のために尽くすという考え方は珍しくない」と言い、「重国籍」という語にまとわりつく負のイメージ（「重婚」を想起させる）を払拭するキャッチフレーズを考えたいと言った。そして、「複数国籍は二刀流！」を提案してきた。投手と打者の両方で活躍する大谷翔平選手にインスピレーションを受けたそうだ。私が「三重国籍はどうするんです」と尋ねると、「それでも二刀流！」だそうだ。気合が重要らしい。

その後、弁護団には、本書執筆メンバーで、先述の二〇〇八年国籍法違憲判決を引き出した弁護団の近藤博徳弁護士も加わってくれた。現在、五名体制で動いている。京都、名古屋、東京の弁護士が参加しているため、会議はインターネットを使って行っている。

原告との打ち合わせでもインターネットは不可欠だ。原告はスイス、フランス、リヒテンシュタインで暮らしている。京都から欧州へ、東半球と西半球、いくつもの国境を越えた原告らへのインタビューで伝わってくるのは、遠く離れても日本を思いつづけ、日本で暮らす親族や友人たちとのつながりを大切にし、日本国そして日本社会の一員、同じ仲間でありつづけたいと願う原告たちの想いだった。

二〇一五年三月一〇日の最高裁判決は、出生による日本国籍付与は「我が国との密接な結び付き」がある者に行われると解される旨を述べている。この「密接な結び付き」があるとされた日本国民が、外国籍を取得したからといって即時にその「密接な結び付き」を失うなど、ありえない話だ。ところが、国籍法一一条一項は、外国籍志望取得と同時にその結び付きが無に帰すとでも言わんばかりに、日本国籍を剝奪する。野川氏はこれを「制度的な暴力」だと喝破した。

提訴の準備を進めているとき、弁護団が原告に、「なぜ日本国籍を保持したいのか」と尋ねると、ほとんどの場合、なぜそんな当たり前のことを聞くのか、という反応が返ってきた。戸惑ったが、よくよく考えると不思議ではない。原告たちは、単に文化的・血縁的に「自分は日本人だ」というだけでなく、自分は日本国籍を有するのがあたりまえで、言い換えると、自分は「日本人（日本国籍者）のグループに帰属している」「そこから追い出されるのはおかしい」という感覚を持っている。これはおそらく日本国内で暮らす生来の日本国籍保有者のほとんど全員も、潜在的に持っている感覚だろう。ただ、自覚する機会があるかどうかが異なるだけだ。

ところが、国籍法一一条一項は、外国籍を志望取得した日本国民はその瞬間に、日本国内外どこでどんな暮らしをしていようとも、日本国籍を離脱したいと望んでいなくても、日本人（日本国籍者）のグループから自動的、機械的に追い出されるのだと定めている。もし犯罪を犯したとしても、こんな酷い扱いを受けることはない。一体全体これは何なのか。国はこの法律をどう正当化しているのだろうか？

†国籍法は国家主義的

国籍法一一条一項の起源は、一八九九年に制定された明治国籍法の二〇条である。

明治国籍法は、「日本臣民タル要件ハ法律ノ定ムル所ニ依ル」（傍点は筆者）とした明治憲法一八条の規定を受けて制定されたもので、同法二〇条は、「自己ノ志望ニ依リテ外国ノ国籍ヲ取得シタル者ハ日本ノ国籍ヲ失フ」と定めていた。同条の提案理由は、「自己ノ意思ヲ以テ日本ヲ離レテ外国ノ国籍ニ入ル者ハ強ヒテ之ヲ日本人ト為シ置クモ毫《ごう》モ日本ニ益ナキノミナラス国籍ノ積極的衝突ヲ生スル弊害アリ」である（民法修正案理由書附法例修正案国籍法案不動産登記法案各理由書、一八九八年。傍点は筆者）。

前の傍点部分には、極めて国家主義的、国益中心主義的な発想が現れている。国民は「絶対ニ、無限ニ、国権ニ服従スル者ナリ」（穂積八束『国民教育　憲法大意』一八九七年）とされていた当時では違和感なく受け入れられる発想だったようで、法案審議の際にこの部分が採り上げられることはなかった。

後の傍点部分は複数国籍のことで、これについては古賀廉造委員が「之ハ私カ想像スルノテナイ外国ニ於テモ此重国籍ノ最モ憂フヘキコトハ徴兵令テアリマス」(国籍法法典調査会速記録、九三頁)と述べているが、他に目立った言及はない。臣民は国家に隷属するものであり国益こそが最重要だという認識と、兵役衝突を回避したいという願望。この二つが、明治国籍法二〇条の根底にあったと言えよう。

その後、第二次大戦の敗戦を経て、日本国憲法が制定された。それに伴い、一九五〇年、明治の国籍法が廃止され、新たな国籍法が制定された。新憲法の理念に合わせて規定を改めるのが目的だった。

明治憲法から新憲法に代わったとき、国の理念も国民の地位内容も決定的に変わっていた。天皇主権から国民主権へ。国家に隷従する「臣民」から個人として尊重される「国民」へ。法律の範囲内でのみ権利が恩恵として認めてもらえる「臣民」から、基本的人権の享有主体としての「国民」へ。公務就任権以外では平等などなかった「臣民」から、平等な「国民」へ。日本国籍離脱の自由のなかった「臣民」から、国籍に関する自己決定権が認められる「国民」へ——。新憲法によって、日本国籍の持つ意味と機能には革命的な変化がもたらされた。

ところが、この変化が無視あるいは見落とされて、「一九世紀の遺物」とでも呼ぶべき条文が新憲法制定後も残ってしまった。それが、現在の国籍法一一条一項である。

この沿革を私が野川氏に伝えると、野川氏は嘆き、憤った。「明治時代の棄民政策がそのまま残って、明治時代の法律が我々に適用され、棄民されているんです」「海外に出た人間が世界で活躍するなんて考えられなかった時代の意識のまま、また、天皇から国民に主権者が代わったにもかかわらず、まだ国民が国家の従属物として扱われている。これは国会の怠慢じゃあないですか」。

まったくもってそのとおりだと、うなずくほかない。

†政府の〝本音〟

関連して、興味深いエピソードがある。

国籍法一一条一項について訴訟を起こすかどうか悩んでいたとき、野川氏は、古くからの友人に相談した。丸紅元副社長の蔵原正昭氏だ。当時、蔵原氏は、余命いくばくもないと宣告され、重い病床にあった。その蔵原氏が、野川氏から訴訟の話を聞くと、飛び上がるように体を起こし、嬉しそうに、懐かしそうに、こんな話をしてくれたのだそうだ。

蔵原氏は、東京大学の学生だった一九五〇年代初めの頃、東大法学部の仲間たちと、憲法と法律について、一升瓶を枕がわりに、夜通し議論する毎日だった。しかし、どんなに議論しても、何のためにあるのかわからなかった条文がある。それが今の国籍法一一条一項なのだ。野川氏は、蔵原氏の話に、人の縁の不思議を思った。そして、提訴の決意を固めた。

その後、弁護団は、古書店でたまたま見つけた資料の中に、蔵原氏ら五〇年代の学生たちが疑問を解けなかった理由を示唆する発言を発見した。「秘無期限」と赤く押印されたその資料には、一九八二年に開催された法制審議会の国籍法部会で、国の田中康久幹事が、兵役義務のない日本では複数国籍が「困る」ことの「説明がしにくい」とこぼし、部会参加委員と幹事等に対して、複数国籍ではどういう場合に困るのかを指摘してほしい旨を請う発言が、記録されていた（法制審議会国籍法部会会議議事速記録、一九八二年一月二六日、四一〜四二頁。同資料の写しは情報公開手続を通して入手できる）。

現憲法下では複数国籍防止を正当化することは困難で、ただ防止したいから防止するだけ——。政府の〝本音〟がこうなのだから、学生たちがいくら議論しても、国籍剝奪条項がなぜ存在するのか、合理的な答えにたどり着けないのは当然だった。そして、政府のこの〝本音〟は、秘せられたまま、時代が進んだ。

しかし、国籍剝奪条項の正当化が現憲法下では困難なことに七〇年近く前に気づいていた学生たちがいて、その生き残りの一人、蔵原氏が、死の床にあって、野川氏の決意を後押しし、それが「秘無期限」の資料の思いがけない発見にもつながった。

原告や支援者など、様々な人の歩みが交錯して、一つの訴訟が織り上がり、時代を動かしていく。縁の不思議を思わずにいられない。

†いざ提訴へ

二〇一八年三月七日、原告団は訴状を東京地方裁判所に提出した。

訴えの内容は、スイス国籍を取得したために日本国籍を失ったと扱われている五名及びリヒテンシュタイン国籍を取得したために日本国籍を失ったと扱われている一名は、今も日本国籍を有することの確認と、違憲無効な法律を放置してきた被告の責任を追及する国家賠償の請求。スイスまたはフランスの国籍取得を希望している二名については、外国籍を取得しても日本国籍を失わない地位にあることの確認である。

訴状では、明治憲法から新憲法への歴史的流れを踏まえて、新憲法下での日本国籍の重要性を示し、国籍法一一条一項の違憲性を主張した。

幸いなことに、日本国籍の重要性は最高裁が示してくれている。二〇〇八年六月四日最高裁大法廷判決は、当時の国籍法三条一項が平等原則（憲法一四条）に違反するとした判決の中で、日本国籍は、「我が国の構成員としての資格」であるとともに、「我が国において基本的人権の保障、公的資格の付与、公的給付等を受ける上で意味を持つ重要な法的地位」であると述べた。また、地裁判決には、「(人の出自・)国籍は自己の起源を認識する契機として、いずれも自我の確立に深く結びついており、これらは人格権の重要な要素」であるとしたものもある(二〇一二年一一月七日東京地裁判決)。

そこで、訴状では、日本国籍は、日本国の主権者たる地位を基礎づけるものであり、かつ、憲法上の権利の保障を受けるための権利であり、しかも、個人の人格権の重要な一部であると同時に、日本国民が私的生活や、経済分野及び公的分野等における社会生活を営むうえでも極めて重要な意味を有することを指摘した。

そして、まず、個人の尊重(憲法一三条)を基本原理とする現行憲法では、すべての国民に対して、一三条が日本国籍離脱についての自己決定権を人格権の一つとして保障し、その具体的表現として二二条二項が日本国籍離脱の自由(離脱しない自由を当然に含む)を保障しており、いわば憲法二二条二項と一三条が一体として日本国籍を奪われない権利またはは日本国籍をほしいままに奪われない権利を保障している、と主張した。

さらに、幸福追求権は「立法その他の国政の上で、最大の尊重を必要と」されていることから(憲法一三条)、生活の拠点の全部又は一部が日本国外にある日本国民、あるいはこれから日本国外に生活や活躍の場を求めようとする日本国民にとって、それら外国の国籍を取得したことを理由として日本国籍を自動的に奪われないことは幸福追求及び人格的生存にとって必要不可欠であり、憲法一三条は日本国民が外国籍を取得しても日本国籍を奪われない権利を保障しているとも主張した。

日本国籍そのものが究極的な被侵害利益・法益だと言えるのに、これらの権利を設定したのは、何が問題なのかを端的に示すためである。

加えて、国籍法一一条一項は、外国籍を自己の志望により取得した日本国民には複数国籍の保持を徹底して許さないのに、出生や日本への帰化などによって生じた複数国籍は保持できるとしている点が、平等原則（憲法一四条）に違反するとも主張した。

国籍法一一条一項の立法目的に関して国が挙げるであろう「複数国籍の弊害」については、国の具体的な主張を待って叩けば良いと考え、概括的な反論にとどめた。

訴状提出後の三月一〇日には、帰国した野川氏も同席して記者会見を開いた。前出の蔵原氏は、野川氏から提訴の報告を受けた後、二〇一八年五月、九〇歳で亡くなった。

†バッシングと賛同

提訴が報道されると、予想したとおりインターネットで原告への匿名でのバッシングが起きた。ただ、懸念したほどではなく、むしろ報道を見て、自分の体験が訴訟に役立てばと連絡をくれる人が何人も現れた。彼・彼女らの経験の一部は、本章冒頭の問いかけの中にアレンジして組み込んでいる。

インターネットで始まっていたキャンペーンも、原告たちを勇気づけた。原告の支援者たちが国籍法一一条一項の改正を求めて二〇一八年二月末に開始したキャンペーンに、提訴までのわずか一〇日ほどの間に一万五〇〇〇名を超える賛同が集まった。また、複数国籍をめぐる問題には否定的かと思われた著名な論客からも、原告たちの主張や気持ちはわかる旨の発言があり、今回の訴訟が広く共感を生むものであるとの自信が深まった。

†無理ある国の反論

同年六月、訴状に対して国が答弁書で展開した反論は、おおよそ次の内容だ。

①国籍法一一条一項の立法目的は複数国籍の発生防止であり、国際的に認められている「国籍唯一の原則」(国籍は一人につき一つであるべきという原則)に基づく。

②複数国籍には外交保護権や兵役義務、納税義務の衝突などの弊害発生のおそれがあるので、複数国籍の発生それ自体を防止する必要がある。

③複数国籍を肯定することは「主権国家の考え方とは本質的に相容れない」。

④外国籍を取得すれば日本国籍を離脱する意思があると当然みるべきである。

⑤複数国籍者は、複数の本国に自由に往来居住し各々の国で社会保障の利益、経済活動の自由を享受し得ることになるが、そのような利益は単一の国籍のみを有する者には与えられていない利益であり、保護に値する利益とは言えない。

だが、どれも、日本国籍剝奪という激烈な手段と重大な結果の根拠としては薄弱だ。

まず①については、国籍法に関する国際的原則として存在するのは、どの国も他国の国籍法に干渉できないとする「主権尊重の原則」のみである（永田誠「いわゆる「国籍唯一の原則」は存在するか」一九八六年）。この原則により複数国籍は不可避的に発生する。「国籍唯一の原則」の出所として紹介されることの多い国籍法抵触条約（一九三〇年）も複数国籍の発生を当然の前提とする規定を有しており（二条、三条）、それらは国際慣習法になっている（Gerard-René de Groot and Olivier Willem Vonk, 2017）。同条約から「国籍唯一の原則」が国際的に認められていると論ずるのは無理がある。

被告である国はその後、「国籍唯一の原則」が国際的原則であること及び複数国籍が主権国家の考え方とは本質的に相容れないことの根拠として、欧州の地域条約である「複数国籍事例の削減と複数国籍事例における兵役義務に関する条約」（一九六三年）を挙げた。しかし、同条約の内容のうち、同条約加盟全一二カ国が批准したのは兵役義務に関する第二章のみで、三カ国は複数国籍事例の可能な限りの削減を目的とする第一章を批准しておらず、第一章批准国のうち二ヵ国は留保宣言付きの批准だった。第一章を留保なしで批准したフランスは実際には複数国籍の肯定を続けてきた。同条約を根拠に「国籍唯一の原則」が国際的原則などと論ずるのも、やはり無理がある。

②については、国が挙げる弊害の「おそれ」は、日本国籍剥奪以外の方法で回避できたり（たとえば外交保護権・納税義務の衝突、重婚の発生、出入国管理の問題）、発生し得ないものだったりで（兵役の衝突）、現実化した例もない（二〇〇九年五月一二日衆議院法務委員会政府答弁）。また、「弊害」は、複数国籍がどのような原因で発生しても同じように生じるはずなのに、その「弊害」防止のために日本国籍を剥奪してまで複数国籍の解消を徹底しようとするのは国籍法一一条一項のみである。生来的な複数国籍の場合や国際結婚等を通して外国籍を付与されて生じた複数国籍の場合（これらの人数は今や約八九万人以上と言われる＝法務省推計）、複数国籍の解消は本人の意思に委ねられ、徹底されていない（国籍法一三条、一四条）。このような不均衡は、複数国籍の弊害防止という立法目的の正当性を疑わせる。

しかも、国連の調査によれば、加盟一九六ヵ国中七二％の国に、外国に行きその国の国籍を取得した者も原国籍を維持できるとする制度がある（二〇一一年時点。UN, International Migration Policies: Government Views and Priorities, 2013）。マーストリヒト大学の調査によれば、外国籍を取得した場合に自動的に原国籍を失わせない制度の国は、二〇一八年末時点で七五％に達したという。複数国籍の弊害を防止するための全世界的な条約などない中で、複数国籍を肯定する潮流はむしろ大きくなっている。複数国籍の弊害として危惧されていたものが実害を生じさせない幻であったり、あるいは問題が生じても小さくて解決が容易だったりするという認識が、世界で広く共有されてきた結果にほかならない。

次に③の「主権国家の考え方とは本質的に相容れない」との主張は、世界の現実に反する。前述のように、国連の調査などで複数国籍を肯定することが確認された国連加盟国の七割以上に達する国々は、もちろん主権国家である。

④も非論理的である。外国籍を取得する意思と原国籍を離脱する意思は明らかに異なる。前者があっても後者があるとは限らない。これは国連の上記調査結果にも表れた国際常識である。外国籍を取得する意思はあるが原国籍を離脱する意思はない場面を想定した規定は、日本の国籍法にもある（三条一項、一七条一項）。

⑤は、他国の法制度により他国への出入国の自由等を享受しうる者は、日本への出入国の自由や日本での経済活動の自由・社会保障を受ける権利が保障されなくてよいとする主張である。しかし、このような扱いを正当化する根拠は憲法上存在しない。

以上見てきたように、国の主張は結局、複数国籍を否定したいという願望を述べるに過ぎない。それを端的に示すのが、一九八四年国籍法改正に向けた法制審議会国籍法部会での田中康久幹事の先述の発言だ。複数国籍に問題があるから複数国籍を防止するのではなく、防止したいから防止するための理由を探す。あまりに理不尽、不合理である。

†国籍は基本的人権の土台

原告は、国の答弁書に対して、前節で紹介した反論を述べた。さらに、憲法の基本原理が国籍剥奪を厳しく制約することを示した。その一部を紹介すると、まず日本国籍はすべての基本的人権保障の土台だから、この土台を根こそぎ奪い去る日本国籍剥奪は、基本的人権尊重原理（前文一項、一一条、一二条、九七条）に照らし、原則許されない（長谷部恭男『注釈日本国憲法(2)』四五頁、二〇一七年）。

次に、国民主権原理（前文一項、一条）と「個人の尊重」原理（一三条）に着目すると、憲法は、国民主権原理の下、国の通常の政策決定については代表民主制（前文一項、一五条、四三条等）を要請し、「個人の尊重」原理の下、すべての国民が憲法の規定する日本という政治共同体の不可欠の構成員として尊重されることを、要請している。そして、この政治共同体では、多様な国民（誰もが実は少数者である）が、代表民主制の過程を通じ、少数者同士で、そのときどきの連合を組んで多数派を形成し、政策を決定していくことが予定されている。憲法は、多様な価値観の尊重を前提に民主制のこのようなメカニズムが作動する過程を保障しており、「現に政権の座にある集団が自分たちがいつまでも権力の座にいることができるよう、政治変化の経路を閉ざしてしまったり、特定の少数者を排斥して新しい連合体の形成を阻止しようとしたりすることを禁止したもの」(松井茂記『日本国憲法』三九頁、九七〜九八頁、二〇〇七年)と言える。

日本国籍の剥奪は、この民主制のメカニズムを破壊し、今日の少数者が明日の多数者となる道を閉ざす。たとえ国会が一定の者の日本国籍を剥奪できると定めたとしても、それが違憲でないかは厳しく審査されねばならない。

また、「個人の尊重」原理の観点で見ると、立法目的として複数国籍の防止を掲げることの正当性も疑わしい。「複数国籍はあってはならない、国にとって迷惑なものだ」という公的なメッセージを発することに他ならず、複数国籍であることが自己のルーツなどにかかわる生来の複数国籍者らの尊厳を傷つけるものとなりうるからだ。蓮舫氏騒動後の国籍離脱者・喪失者の増加の背景には、これと根を同じくする問題があるように思えて、痛ましい。

これら憲法原理に照らし厳しく審査すれば、国籍法一一条一項は違憲無効を免れない。

†顔を出す明治憲法下の発想

二〇一九年四月、国が再反論を提出した。あたかも明治政府が明治憲法に基づき繰り出してきた主張のようで、驚かされた。典型的な箇所を一つ紹介する。

> 他方、我が国は、国民に対し、種々の義務や負担を課する反面として、その統治権に服する者に対して、積極的に人権の享有主体性を認め、主権者として国政に参画させる権利を保障し……（傍点は筆者）

ここで示された国の主張によれば、人権は、国家の求める義務履行の対価として国民に恩恵的に保障されるものに過ぎない。国政も、やはり国家の求める義務履行の対価として、国民は恩恵的に参画させてもらえるだけのものだ――。

天賦人権思想も国民主権原理も否定して、国民をあたかも国家の従属物のように見なすその発想は、明治憲法下の話とすれば違和感はない。明治憲法下では、人は生まれながらにして基本的人権の享有主体であるとは考えられておらず、天皇主権で国民は国家に隷属するとされ、憲法自体も天皇が制定したものだった。帝国議会も、「国権の最高機関」ではなく、「立法に参する者にして主権を分つ者に非ず。法を議するの権ありて法を定むるの権なし。」（伊藤博文『憲法義解』六五頁）とされていた。その頃であれば、天皇の統治権を侵さない限り、国が法律で国籍を自由に与えたり奪ったりもできただろう。

しかし、今は日本国憲法の時代だ。国民主権、基本的人権尊重、「個人の尊重」原理を基礎とする憲法を、国民が制定した。もはや国は、憲法を超越した空の上から国民を支配する存在ではない。国の前記主張は時代錯誤も甚だしく、根本から誤っている。

日本国憲法の基本原理が国籍剝奪を厳しく制約することは前節で述べたが、では複数国籍について日本国憲法はどう考えているのか。憲法二二条二項は日本国籍離脱の自由を定めているが、無国籍発生防止の要請があるため、同条項の自由の保障は外国籍を有する日本国民が対象とされる（一九五〇年四月一九日参議院法務委員会政府答弁）。つまり同条項は、複数国籍の日本国民が存在することを前提としたうえで、その者が日本国籍を離脱して複数国籍を解消するかどうかを本人の自由の問題とし、離脱する「自由」を行使せず複数国籍状態を存続させる者が存在することも当然に想定し受容している。しかも、憲法に複数国籍を解消すべきとか解消を促進すべきとか示唆する規定はない。憲法が複数国籍を排除すべきとする価値観に立っているとは到底考えられない。

ここで、複数国籍を肯定することと日本国憲法の関係を考えてみよう。複数国籍を肯定することは、外国籍を有する自国民をありのままに受け容れることを意味し、排外主義の対極にある。また、外国でその国の国籍を取得した日本国民に日本国籍保持を認めることは、両国間の架け橋となる人々の暮らしの安定につながる。ひいては、その国での日本の存在感を強め、両国の友好関係にも寄与するだろう。複数国籍肯定、そして国籍法一一条一項を削除することは、既に挙げた憲法諸原理の観点からだけでなく、同じく日本国憲法が定める国際協調主義、平和主義の観点からも、望ましい。

ところが、前述の時代錯誤が続いた結果、明治憲法と共に消え去るべきだった国籍法一一条一項が、まるでゾンビか亡霊のように今も徘徊し、海外に活躍や生活の場を求める日本国民を追いかけ回し、あるいは日本国内で生まれた国際カップルの子どもたちを襲っては、その足を引っ張り、嚙みつき、苦しめ、人々の力と可能性を削ぎ続けている。

このゾンビ、亡霊を退治して人々を苦しみから救えるのは、日本国憲法の力を正しく使う裁判所だけである。なぜなら、日本国籍を剝奪されて主権者の地位を追放され、日本という政治共同体の〝数〟にも入らなくなった人々のために国籍法を積極的に改正するなど、多数決原理を基礎とする国会には期待し難いからだ。

「国籍はく奪条項違憲訴訟」では、裁判所による積極的な違憲判断が強く望まれる。

第六章　国籍をめぐる世界の潮流

――館田晶子（北海学園大学教授）

†「日本人」と「日本国民」

「日本人とは何か？」と尋ねると、「日本の国籍をもっている人」という答えが返ってくることがある。しかし、「日本人」という言葉にどういうイメージを重ねるかによって、答えはまったく変わってくるだろう。日本の文化を自らの母文化としている人を「日本人」と呼ぶ場合もあれば、ルーツが日本にある人のことを広く「日本人」と考える場合もある。カズオ・イシグロがノーベル文学賞を受賞して「日本人がノーベル賞！」と一部報道されたとき、そこにいう「日本人」とは決して日本国籍をもつ者を意味したわけではなかった。「日本人」という言葉は、国籍だけでなく、むしろ民族性や日本文化をイメージさせることもあって、その時々の文脈で意味を変える変幻自在な言葉である。だから、「日本人」について語るときはそれが何を意味するのか注意を払う必要がある。

一方で、「日本国民」と言ったときの意味は明確だ。日本という国家の構成員つまり日本国籍をもつ者を意味する。多くの日本国民は、自分が日本国籍をもっていることが当たり前だと思っているかもしれない。だが、なぜ自分が日本国籍をもっているのかを考えたことがある人はどのくらいいるだろうか。

答えは単純明快、「法律にそう書いてあるから」である。日本の国籍法は血統主義をとっている。通常「父又は母が日本国民」であれば自分は日本国籍をもっている、ということになる。テニスの大坂なおみ選手も、冬季オリンピックで日本代表として活躍したフィギュアスケート(アイスダンス)のクリス・リード選手も、父がアメリカ人でアメリカ育ちだが、母が日本国民だから生まれながらの「日本国民」である(リード選手はその後日本国籍を選択している)。また、C・W・ニコル氏やドナルド・キーン氏が「日本国民」となったのも、国籍法の規定に基づいて日本国籍を取得したからだ。

国籍問題が社会的な関心を呼ぶとき、往々にして、良くも悪くも激しい反応が沸き起こる。それは、国籍が国家と結びついてイメージされ、ナショナリズム的感情を呼び起こすからだろう。その感覚は、ある意味当然である。国籍というのは国家があることが前提であり、国家の構成員を法的に画定するものだからだ。国籍と国家は切っても切れない関係にある。

†国籍は国家の構成員の法的資格

繰り返すが、国籍というのは法的な概念だ。憲法や国際法の教科書をひもとけば、国籍とは「国家の構成員であることを示す資格」とか「国家と国民との法的つながり」などと説明されている。日本国籍を有する者は「日本国民」であり、日本国籍を有しない者（外国籍のみ有する者と、どこの国の国籍も有しない無国籍者の両方）は「外国人」ということになる。

世界で初めて国籍制度を導入したのは一九世紀初頭フランスのナポレオン民法典と言われる。その後、一九世紀を通じてヨーロッパを中心に国民国家が形成されていく中で、国籍制度は、国家の構成員を定義するための仕組みとして各国で整えられていった。国籍は国家の政策対象者を選別する基準の一つとなっていく。

たとえば選挙での投票資格には国籍があることが大前提となった。また、国家が行う福祉政策も、あるいは徴兵制度も、当然のように国籍を持っている者が対象となった。国籍を誰に与えるかについては、その時々の政治状況が影響することも多々あった。移民二世の兵役逃れを防ぐために、あるいは戦争で国民の人口が減ってしまったのを補うために、国籍取得の要件を広げることすらあったのである。

国籍によって国民の範囲をはっきりさせることは、逆に国民ではない者つまり外国人を括り出すことにもつながった。国境をまたいで人が国を出入りするにあたって、出入国管理の基準として国籍の有無は重要な要素となっていく。国境が土地に関する国の境界だとすると、国籍は、人に関して国の支配が及ぶ境界としての機能を有してきた。

このように、もともと国籍制度はいわば国家の都合で生まれたのだったが、国籍はそれをもつ個人の側からも便利な役割を果たすものとなった。ある国の国民であるという地位は、自国に権利保障を求める根拠にもなったのだ。

たとえば、国民は国籍国に入国し滞在する権利を持っている。だから、自国への入国も旅券（パスポート）を持っていれば通常はごく簡単な手続きで済む。また、国家は海外においても自国民を保護する責任を負っている。日本の旅券を見ると、「日本国民である本旅券の所持人を通路故障なく旅行させ、かつ、同人に必要な保護扶助を与えられるよう、関係の諸官に要請する」と書かれており、国家の責任においてその個人の保護を外国に要請している。よく、海外で大きな事故や災害があると日本人（厳密には日本国民）の安否確認が報道されるが、これも、政府は自国民の保護責任を負っているため、迅速かつ適切に対応する必要があるからだ。

国家が自国民をどのように定義するかは、基本的にそれぞれの国の裁量に任されている。国家はそれぞれ、血統主義や生地主義に基づいて自国民の範囲を決める。国籍法の基本ルールが国ごとに異なるため、複数の国家とつながりを持つ個人が重国籍や無国籍になることがあり得る。国籍法の衝突により重国籍や無国籍が発生することを、法律用語で「国籍の抵触」という。当初の国際社会は、国籍の抵触は好ましくなく避けるべきだと考えた。こうして人は国籍を必ず一つは持ち（無国籍防止原則）、一つしか持ってはならない（重国籍回避原則）、とする「国籍唯一の原則」が確立していった。この原則はのちに条約として成文化されることになる。

†なぜ重国籍は避けられてきたのか

「国籍唯一の原則」に含まれる二つの内容のうち、無国籍が望ましくないことは容易に想像できる。どこの国の国民でもないということは、どこの国もその人について保護する責任を負わないということだからだ。

では、重国籍の場合はどうだろうか。重国籍が好ましくないとされてきた理由として、まず昔から言われてきたのは、忠誠義務や兵役義務といった義務の抵触、つまり国から課せられる義務がぶつかり合うことになる、という点だ。国家に対する忠誠は一つの国に対してのみ成り立つものであって、二重の忠誠はあり得ないという観念から、重国籍は問題があると言われたのである。兵役義務の重複も、国籍をもつ両方の国の兵役に服さなければならないのか、それともどちらか一つでよいのか、そうだとすればどちらの国で兵役を果たすべきか、という負担の問題がある。

とはいえ、日本には兵役は存在しない。兵役のない日本にとって、重国籍は何が問題なのか。この点に関して法務省はウェブサイトの「国籍Q＆A」で、国籍選択制度の必要性に関連して、次のように説明している。

「国籍を選択する必要があるのは、重国籍者が2つ以上の国家に所属することから、a．それぞれの国の外交保護権が衝突することにより国際的摩擦が生じるおそれがある、b．それぞれの国において別人として登録されるため、各国において別人と婚姻するなど、身分関係に混乱が生じるおそれがある、等のためです。」

外交保護権というのは、自国の国民が他国から損害を被ったとき、国家が相手国に対して責任を追及する権限である。外交保護権を持つのは通常は国籍国だ。重国籍者のように国籍国が複数ある場合に、一人の個人について複数の国が外交保護権を行使することになると、これがかえって国家間のトラブルとなる可能性もある、という点が、政府が挙げる重国籍防止の第一の理由だ。

身分関係に混乱が生じるというときに、主に想定されているのは重婚の問題だ。二〇〇四年第一五九回国会の法務委員会で行われた重国籍に関する質疑でも、この問題が取り上げられている。政府参考人として出席した房村精一法務省民事局長は次のように答弁した。

「重国籍ということになりますと、それぞれの国で身分関係を管理するといいますか、登録をするということになります。そういたしますと、たとえばAとBの両方の国籍を持っていて、Aの国で婚姻をしたことについてはA国が把握をする、それをまた独立にB国の方で身分関係を把握いたしますので、重婚というような関係が生じやすくなる。そういうことから、身分関係に混乱が生ずるおそれがあるということが言われているわけでございます」

なるほど、このように言われれば重国籍は色々と問題があるようにみえる。だが、実はこれらの問題はすでに「問題」とは言えなくなっている。順番に見てみよう。

†義務の重複は解決済み

従来から指摘されてきた忠誠義務や兵役義務の重複は、個人にとっては大きな負担になるし、国家にとってもあまり好ましくないのは確かだ。だが、これが重国籍を避けるべき理由として説得力を持つかどうかはまた別の話である。

忠誠義務に関して言えば、そもそも現代において国家に対する忠誠義務が本当に存在しうるのか疑問である。忠誠義務は、封建的な社会における君主と臣下の関係をその起源としている。中世封建主義の時代には、君主に忠誠を誓うことでその保護を得るという支配服従関係が成立していた。忠誠義務とはそのような一種の排他的契約関係から発生していたため、二重の忠誠はありえないと考えられていたのである。

しかし、それが現代の国家と個人の関係にも当てはまるわけではない。国籍は国家と個人との支配服従関係を意味するものではない。国家への忠誠がその国で暮らすことの対価であるかのような考え方、あるいは日本の鎌倉時代の御恩と奉公のような関係は、現代の国籍制度の前提ではないのだ。忠誠義務を国籍と結びつけるのは現代においてはいささか的外れだろう。

兵役義務の抵触については戦前から問題として認識されていたが、国家間の条約などによって二重の義務を解消するための取り組みが進められてきた。その基本となるのが、一九六三年の「重国籍の減少及び重国籍者の兵役義務に関する条約」(一九六三年重国籍削減条約)である。ヨーロッパ評議会で締結されたこの条約は、条約名にあるように重国籍を防止し減少させることを基本原則としていたが、やむを得ず重国籍となっている者については、国籍国のうちいずれか一国の兵役義務に服すればよく、その一国とは原則として普段居住している国であるとした。どこか一国で義務を果たせば、他の国でも義務を果たしたとみなしたのだ。近年は兵役義務自体を廃止する国もあり、兵役義務の重複はすでに重国籍回避の根拠としては説得力を持たなくなっている。

†「真性な結合」が決める外交保護権

外交保護権とは、他国の行為によって自国民が損害を受けたときに、その国家が他国に対してその責任を追及する権限だが、個人が複数の国籍をもっている場合にはどの国がこの権限を行使するのかが問題となる、と言われてきた。

だが、どの国が外交保護権を行使するかについては、すでに国際司法裁判所によって一定の答えが出ている。一九五五年のノッテボーム事件判決だ。

ドイツ人のノッテボーム氏は戦前にグアテマラに移住しそこで事業を興して成功したが、その後、便宜的にリヒテンシュタインの国籍を取得し、ドイツ国籍を喪失した。しかし第二次世界大戦が勃発してグアテマラとドイツが敵対関係となったことから、グアテマラ政府は敵国人としてノッテボーム氏を逮捕し、戦後になってその財産を没収する手続きを始めた。そこでノッテボーム氏の国籍国であったリヒテンシュタイン政府は、グアテマラに対して外交保護権を行使して、すでに釈放されていたノッテボーム氏への財産の返還とリヒテンシュタインへの損害賠償を求めた。だがグアテマラ政府は、リヒテンシュタインはノッテボーム氏に対する外交保護権を有しないと主張して拒否したために、国際司法裁判所で争われることになったのである。

国際司法裁判所は、国籍付与の効力とは別に、外交保護権の主張に関しては、「国家と個人との間に真正な結合が存在する場合に、その国家は他国に対して外交保護権を行使できる」と判断した。結果として、ノッテボーム氏とリヒテンシュタインとの間には真正な結合がないと判断され、リヒテンシュタインの外交保護権は否定されたのだが、ここで重要なのは、外交保護権の行使がその個人と「真正な結合」のある国家によって行使されるものだとされた点である。この判例は法理として確立しているので、重国籍者の場合も、複数の国籍国のうち最も「真正な結合」のある国が外交保護権を行使することになる。つまり、外交保護権も重国籍問題に大きな影響を及ぼすものではなさそうだ。

†身分関係は本当に混乱するのか

重国籍だから重婚が発生するというロジックは本当だろうか。

身分関係の混乱は、外国で結婚したときに、それを双方の関係国に適切に届け出ないことが原因で起こる。国際結婚の場合がその典型だ。法の適用に関する通則法は「婚姻の成立は、各当事者につき、その本国法による」（通則法二四条）としており、国際結婚ではそれぞれの国籍国の法律に従って婚姻が成立する。たとえば外国で国際結婚をした場合には、相手方の国の法律に定められた方法に従って手続きをとれば、その国では法律上の婚姻が成立する。この場合、日本の戸籍法は日本の大使館や領事館にもその旨を届け出ることを義務付けている（戸籍法四一条）が、この届出がなければ日本としては婚姻の事実が把握できず、その結果、日本の戸籍上は独身であるかのように扱われてしまう。逆に、日本の役所にのみ婚姻届を提出し、相手方の国にその旨を届け出ない場合は、相手国において同じ状況が生じる。

重国籍者の場合はこの身分関係を届け出るべき国籍国が一人につき複数存在することになる。従って、届出を怠ったことで身分関係が混乱する可能性は、確かに単一国籍者に比べると多いかもしれない。しかし、前述のとおり身分関係の混乱は関係国への届出を怠ることによって生じるのであり、重国籍だから生じるというわけではない。また、国際結婚や重国籍によって必ず身分関係が混乱する（重婚が横行する）というわけでもない。重婚を防ぐために国際結婚を禁ずることが非現実的であるのと同じように、重婚の発生を理由に重国籍を認めないというのは、あまりに過剰な制約であろう。

ちなみに、ヨーロッパには身分関係の変動について関係国間で情報交換できる制度がある。今後、よりグローバル化が進み国際結婚がもっと一般化していけば、同じような仕組みが全世界的に広がる可能性はある。身分関係の混乱を日本が深刻な問題として捉えているのであれば、そのような仕組みの国際的な構築を日本がリードしていけばよい。

以上のように、重国籍によって何か問題が起こると言われてきたことは、実はそれほど問題にはなっていないことがわかる。実際、前述の国会答弁において房村民事局長は「具体的に重国籍で何らかの問題が生じたという事例は把握しておりません」と述べている。重国籍を避けるべき理由は今となってはほぼないと言える。

†「国籍自由の原則」の重要性

これまで、国家の側から国籍制度を見た場合の話を進めてきた。では、国籍の意義を個人の側から見るとどうだろうか。

国籍は「権利を得るための権利（the right to have rights）」と言われる。社会保障のような国の様々な法制度は、基本的には国民を想定して構築されている。そのために、国籍を持っていないと、それらの法制度に基づく様々な便宜や権利にアクセスしにくい状況が生まれてしまう。もちろん国籍の有無にかかわらず人権は保障されるべきだし、実際に外国人にも適用される制度はたくさんある。だが、それでもなお、国籍がその国での生活に重要な機能を果たしていることは事実である。二〇〇八年の国籍法違憲判決の中で最高裁判所は、日本国籍について「わが国の構成員としての資格であるとともに、わが国において基本的人権の保障、公的資格の付与、公的給付等を受ける上で意味を持つ重要な法的地位である」と述べている。

このような国籍の重要性から、国籍を取得すること自体を人権として保障する考えが国際社会の中で確立していった。そして、国籍の得喪（取得と喪失）に関しては個人の意思が反映されるべきという考え方も浸透していくことになった。これを「国籍自由の原則」と呼ぶ。個人の意思に反する国籍の強制や剝奪は許されないという原則である。「国籍自由の原則」は、国家の都合によって国籍が個人の意に反して強制されたり、剝奪されたりすることを防ぐ原則である。国籍法制の構築は国家の裁量が大きく、国家が専ら国の都合で国籍を剝奪すること、つまり国籍の恣意的剝奪もあり得なくはない。実際、国によっては政治的理由に基づいて国籍が恣意的に剝奪されることもあった。近年では、ミャンマーでのロヒンギャに対する国籍剝奪などが発生しており、国際的に問題視されている。また、婚姻や養子縁組などの身分行為によって本人の意思によらず国籍の変動が強いられることもある。女性が婚姻の際に夫と同じ国籍への変更を強いられたり、その結果、元の国籍を喪失させられたりするのがその典型例である（このような例は女性差別的な要素も含んでいることが更に問題である）。国籍の剝奪によって、国籍に付随する権利もまた奪われることになる。そのような重大な結果をもたらす国籍の恣意的剝奪を防止するのが、「国籍自由の原則」である。

†人権としての国籍

人権としての国籍取得権をいち早く取り入れたのは一九四八年に国連で採択された世界人権宣言だった。

◆世界人権宣言一五条

一項　すべて人は、国籍をもつ権利を有する。

二項　何人も、ほしいままにその国籍を奪われ、又はその国籍を変更する権利を否認されることはない。

ここで謳われた国籍取得権、恣意的に剝奪されない権利、変更する権利の三つは、国籍に関する権利の基本となるものである。これ以降、主に無国籍を防ぐという観点から、子どもの国籍取得権を盛り込む条約がその後も採択された。

◆市民的及び政治的権利に関する国際規約二四条
三項　すべての児童は、国籍を取得する権利を有する。
◆児童の権利に関する条約七条
一項　（略）児童は、出生の時から氏名を有する権利及び国籍を取得する権利（略）を有する。
同八条
一項　締約国は、児童が法律によって認められた国籍（略）について不法に干渉されることなく保持する権利を尊重することを約束する。

このように国籍は、人権保障と結びつくことで、それ自体が人権としての性格を獲得していった。

また、近年は国籍のもう一つの側面が注目されている。それは、アイデンティティの拠り所としての国籍である。

人は出生時に、両親から受け継いだ国籍または生まれ育つ国の国籍を得る。つまり、出生によって得られる国籍は、自らのルーツを示す公的な指標の一つになる。自分は何人であるという意識は、その国籍を持って生まれ育ったという事実によって育まれる面もある。国籍にどんな思いを寄せるかは人それぞれだが、グローバル化が進む時代であるだけに、自らのルーツを意識する場面は多かろう。そんなとき、国籍はそのルーツとなる国と自分自身とのつながりを公的に表すものになる。

たとえば、外国に移住した人たちにとっては、生活や文化がすっかり現地に馴染んでしまったとしても、国籍を持ち続けることが故郷とのつながりを維持する精神的な支えになるかもしれない。国際カップルの間に生まれた子どもにとっては、両親からそれぞれの国籍を受け継ぐことで、両方のルーツに誇りを持ちながら人格を形成していくことになるかもしれない。そのような人々にとって、生来の国籍を失うことは身を切られるような苦痛を伴うものとなるだろう。実際、国籍選択を迫られるハーフの子どもたちは「両方の国に誇りを持っている。どちらかを選ぶことなんてできない」という。両方の文化や言葉を理解してきた自分が、二つの国籍のうち片方を選び片方を捨てることは、体の一部をなくするに等しいというのだ。このようにして国籍は、自己の人格にかかわるアイデンティティの一要素でもありうるのである。

こうして見ると、「国籍唯一の原則」の二つの要素は、「国籍自由の原則」を加味しながらそれぞれ別の道をたどっていることがわかる。

すべての人が必ず国籍を持つべきだという無国籍防止原則は、人権の観点からも強く要請される。その一方で、人は国籍を一つしか持てないという重国籍回避原則の方は、そこから生じる問題がすでに条約や国際判例を通じてある程度解決されてきていることから、必ずしも重要なものではなくなっている。

重国籍の解消、つまり複数ある国籍のうち一つを残して他を放棄させることは、本人が「国籍の離脱」を望まないのであれば、国籍の恣意的な剝奪に等しい結果となる。それは「国籍自由の原則」に反する。そこで、重国籍の解消はそれほど徹底する必要はなく、むしろある一定の場合には積極的に重国籍を認めるべきだという認識が、ヨーロッパを中心に世界に広がっている。

この潮流は、グローバル化と無関係ではない。海外との行き来が日常的になり、外国への移住や移民労働者の定住化が進む現在、国際カップルや出身国以外の移住国での家族形成は増加している。その結果、出生による重国籍のケースも増加している。移り住んだ国での日常生活や経済活動のために、移住先の国の国籍が必要となる場合もあるだろう。複数の国にルーツがあれば、それぞれの出身国に家族がいることもある。それぞれの国の国籍を維持できれば、何かあったときに家族に会いに行くための出入国手続も簡単に済む。

もし国籍がなければ、ビザの取得など時間のかかる手続きが必要になり、急な事態にすぐに飛んで行くことができなくなるだろう。また、このような実利ばかりではなく、複数の国籍を有することで育まれた複数のアイデンティティが、重国籍が認められることによって維持できる。このことは複数のアイデンティティを持つ個人の人格の尊重にもつながるだろう。

†重国籍の容認へ

重国籍容認の流れは、国際条約の変遷を見るとよくわかる。

前述の一九六三年重国籍削減条約は、帰化による国籍取得の場合は原国籍を喪失させるよう締約国に求め、原則として国籍は一つに絞る方針が貫かれていた。それが転機を迎えるのは、三〇年後の一九九三年に採択された同条約の修正議定書（第二議定書）である。

この議定書は、重国籍を一部容認する態度をとった。「次の場合には原国籍の維持を定めることができる」として、帰化した者の重国籍を認めるかどうかをそれぞれの締約国の判断に委ねたのだ。重国籍を認めることができる場合とは、以下のとおりである。

①移民二世。移住先の国で生まれたか未成年の間に移住していた場合は、移住先の国籍を取得した場合に、出身国の国籍を維持できるようにしてもよい。

②国際結婚の配偶者。結婚相手の国の国籍を取得した場合に、元の国籍を維持できるようにしてもよい。
③親の国籍が異なる子。帰化によって親の国籍を取得した場合に、元の国籍を維持できるようにしてもよい。

とはいえ、これらは重国籍を一部解禁したにとどまり、重国籍が必ず認められるというわけではなかった。実際に重国籍を認めるかどうかは、それぞれの国家が決めること、とされたにすぎない。

重国籍容認に関してさらに進んだ態度を取ったのが、一九九七年にヨーロッパ評議会で採択されたヨーロッパ国籍条約である。この条約は、個人が権利として複数の国籍を維持できる場合を定めた。①出生の時点で重国籍になった場合と、②婚姻によって自動的に重国籍になった場合、である。この二つの場合には、本人が放棄しない限りは、重国籍は必ず認められなければならない。ただし、それ以外の帰化の場合は、重国籍を認めるかどうかは国家の裁量に任された。また、重国籍者が海外に住んでいて「真正な結合」が失われているような場合も、国籍を喪失させるかどうかはそれぞれの国に委ねられるとした。

これらの条約は必ずしも加入国が多いわけではないが、条約の存在は条約に加入していない国にも一定のインパクトを与えた。ヨーロッパの多くの国がその趣旨に沿うかたちで法律を改正し、一定の条件を満たした場合に重国籍を認めるようになったのである。

こうしてみると、二〇世紀末にはヨーロッパを中心に条約で重国籍を容認する方向性が確立していったと言える。その背景にはやはり、移民の増加という大きな流れがある。二〇世紀後半は外国人労働者の増加と定住化が見られ、それに伴って国際結婚も増加した時代だった。それらの人々を受け入れ国の社会に統合することは、重要な政策課題になっていく。重国籍の容認は、出身国との繋がりを完全に断たれることなく、かつ受け入れ国にも包摂していくことを可能にするものと考えられたのだ。

†重国籍に関する諸外国の動き

重国籍を認めるか否かを含め国籍制度をどのように定めるかは、それぞれの国に任されている。一般的には、移民によって成立した米国などの国家は出生地主義を採ることが多く、また重国籍にも寛容であると言われている。だが、それ以外も含めて重国籍に寛容な国は年々増えており、マーストリヒト大学の研究所の調査によれば、二〇一八年現在で世界の約七五％の国々が、外国籍を取得しても元の国籍を失わない法制度を採用しているという。残念ながら、国籍喪失制度を持つ日本はこの七五％には含まれていない。

世界的に見て重国籍容認が最も進んでいるのは、移民人口が多い南北アメリカやオセアニア地域である。米国やカナダは以前から重国籍を認めており、オーストラリアも二一世紀に入って容認する法改正がなされた。ヨーロッパでも、前述のような条約の流れを受けて次第に重国籍を認めるようになっていった。イギリスやフランスは元々以前から重国籍には寛容で、帰化による国籍取得の場合も重国籍を認めていた。ドイツやイタリア、スイスなども、一九九〇年代に重国籍を認める法改正をしている。

実はフランスでは、二〇一五年のパリ同時多発テロを起こしたテロリストに重国籍者がいたことから、当時のオランド大統領がテロ対策として重国籍者に対するフランス国籍剝奪を可能にする憲法改正を試みたことがあった。しかしこの試みに対しては、文化人から反対運動が沸き起こったほか、当時のクリスチャーヌ・トビラ司法大臣が大統領の方針に反対し辞任をするなど激しい反発があり、最終的に議会でも重国籍者に対する差別となるという理由で受け入れられずに失敗している。

アジアやアフリカ地域は世界平均から見ると重国籍を認める国は比較的少ないが、それでも次第に容認する国は増えている。たとえばフィリピン、ヴェトナムなどは二〇〇〇年以降に重国籍を認める法改正をしている。

最近では、お隣の韓国が二〇一〇年の法改正により条件付きで重国籍の容認に舵を切った。それが「外国籍不行使誓約」制度の導入だ。一定の条件に合致する重国籍者については、法務部長官（日本の法務大臣に相当）に対して、韓国国内において外国籍を行使しない旨の誓約をすることで、複数の国籍を維持できるという制度である。複数の国籍を持ちながら、韓国との関係では韓国国籍のみを有効な国籍とすることで、想定される弊害を避けることができる。

兵役制度を持っている韓国ですら重国籍容認に大転換したのには、いくつかの理由があると言われる。まず一つ目に、韓国でも起こっている少子化と人口減少への対策として。二つ目に、優秀な外国人を人材として確保するため。そして三つ目に、国際結婚や移住労働者としてやってくる移民を韓国社会に包摂し、逆に海外に移住した国民を韓国社会につなぎ止めるためだ。

これらの事情のうち前二者については実際に狙った効果が得られるのかどうか疑問も呈されているが、三つ目の移民の韓国社会への包摂という狙いは、対象者の数が最も多く、効果としても最も期待できると考えられている。

†重国籍容認が世界のトレンド

こうしてみると、重国籍の容認は世界的なトレンドであり、もはや止めようがないものといえる。その背景には、国際移動が日常化しまた国際家族が増加したことで、現実として重国籍者が増えたという事情がある。そして、重国籍が個人にとっても国家にとってもメリットがあると判断されていることも、重国籍を容認する根拠となっている。グローバルに活躍する重国籍の日本国民が世界と日本をつなぐ存在となることは、日本の国際的なプレゼンスを高めることにもなるだろう。世界に飛び立った「日本人」が国籍選択を迫られ、職業や生活の都合から現地国籍を必要とするがために日本国籍を放棄せざるを得ないのだとしたら、日本にとって大きな損失になるのではないだろうか。

また、重国籍を認めないとなると、重国籍者が直面する様々な問題、とりわけ国籍選択を迫られることから生じる問題が、重国籍者を苦しめることになる。出身国との関係の断絶やアイデンティティ・クライシスは、当事者にとっては深刻な問題だ。

重国籍を認めないということは、出生により重国籍になった者にとっては国籍を一つ残してあとは放棄さ《・》せ《・》ら《・》れ《・》ることを意味する。他国の国籍を取得した場合に日本国籍を自動的に喪失するのも、本人にしてみれば日本国籍の剝奪にほかならない。国籍の喪失や離脱を強いられることは、国籍の恣意的剝奪の禁止を含む「国籍自由の原則」に反する。国籍を有することは権利であるという考え方は、とうに定着している。そして、国籍の取喪に関しては個人の意思が尊重されるべきだという「国籍自由の原則」も確立しており、国籍制度を設計するにあたっては、個人の意思が最大限尊重されるような制度であることが求められる。説得力に欠ける根拠で、意に反する国籍の変更や剝奪が起こることは許されない。

日本国憲法は二二条で国籍離脱の自由を定めている。この規定は「国籍自由の原則」を日本国憲法に導入したもので、離脱する自由と共に離脱しない自由、つまり意に反して離脱させられない自由もあると解釈される。国籍の恣意的剝奪はこの憲法が定める「国籍自由の原則」に反する。それでもなお重国籍の防止や解消を徹底させなければならない理由が存在するようにはとうてい思えない。

第七章

国籍法の読み方、考え方

――近藤博徳（弁護士）

†生後三カ月以内に届けないと日本国籍を失う

私が国籍の問題にかかわるようになったのは、二〇〇八年六月四日に最高裁判所が違憲判断を下した、「国籍法三条一項違憲訴訟」を担当したことがきっかけであった。この事件は、日本人の父とフィリピン人の母の間に生まれた婚外子の子どもたちが「お父さんは日本人なのに、なぜ自分たちは日本国籍がもらえないの？」と訴えたものである。

もともと国籍法三条一項は、未婚の日本人と外国人の間に生まれた子は、日本人親が認知し、さらに両親が結婚した場合に、日本国籍を取得できる、と規定していた。これがこの違憲判決とその後の法改正により、日本人親が認知しさえすれば、日本国籍を取得できることになった。

実は、この法改正前も改正後も、国籍法三条一項によって日本国籍を取得した子は、もともとの外国籍に加えて日本国籍を取得しているので重国籍となる。しかも、自分の意思で、である。そのことは裁判ではまったく論点にならなかった（私も裁判の間は重国籍のことはほとんど意識していなかった）。

ところが、その後に担当した「国籍法一二条違憲訴訟」では、重国籍の問題が正面から問われることになった。国籍法一二条とは、日本人の子が外国で生まれ、日本国籍と外国籍を取得した時は、生まれてから三カ月以内に国籍留保届を出さないと日本国籍を失う、という規定である。この制度を知らず、期限内に国籍留保届を提出しなかったために日本国籍を失ってしまった子が海外に数多くいる。しかも出生届も受け取ってもらえず、親の戸籍にも記載されないのである。そこでこの規定は憲法違反であると主張して起こしたのが「国籍法一二条違憲訴訟」であった。結論は最高裁判所で請求が認められずに敗訴で終わってしまったのだが、その裁判の中で、重国籍の防止という国籍法一二条の目的の妥当性が争われたのだった。

そして、いま、本書の執筆者の一人である仲晃生弁護士らと一緒に、国籍法一一条一項の合憲性を争う「国籍はく奪条項違憲訴訟」という裁判を担当している（裁判の詳しい内容は第五章を参照）。この裁判では、国籍法一一条一項の目的である「重国籍の防止」が最大の争点となっている。

こうして国籍問題に関する裁判にかかわるなかで、私は重国籍について考えさせられてきた。文献を読むと、「国籍唯一の原則は国籍法の理念である」「重国籍は解消されなければならない」と書いてある一方で、「重国籍の完全な解消が不可能であることは常識である」という論述もある。これは一体どういうことだろうかと、頭を抱えてしまった。

日本では「重国籍を認めていない」とされている。そこには「本来あるべきではないもの」「あってはいけないもの」というニュアンスを感じる。しかし重国籍を認める国も少なくなく、そこでは重国籍は「あってもよいもの」とされている。国によって重国籍の扱いにこんな違いがあっていいのだろうか。いいのだとすれば、日本政府が重国籍を「本来あるべきではないもの」「あってはいけないもの」とする理由は何であろうか。

さらに、現実には多くの日本国籍と外国籍の重国籍者が日本国内外に存在している。この現実と「重国籍は認められない」という建前とのギャップをどう考えたらよいのかという点も疑問だ。そして、日本政府は「重国籍はダメ」と言いながら重国籍の解消のためにほとんど何もしておらず、多くの重国籍者を不安定な状態に置いたまま、放置しているように見える。それはなぜなのだろうか。

本当のところ、国籍法は、そして日本政府は、重国籍をどのように扱っているのだろうか。そして、私たちは重国籍をどのように理解したらいいのだろうか。これが、私が問いたいテーマである。

†国のあやふやな態度

日本の国籍制度について語られるとき、「日本は重国籍を認めていない」ということが前提となっていることが少なくない。固い言葉で表現するならば、「国籍唯一の原則」や「国籍の積極的抵触の防止」と言われるものである。しかし現実には、日本国籍と外国籍の重国籍者が存在している。法務省の推計によれば、その数はおよそ九〇万人とされる。もし重国籍が違法なら、こんなに多くの法律違反者がいることになる。いやそもそも、重国籍を認めていないとされるのに、なんでこんなに多くの重国籍者が発生するのか。

日本国籍は「国籍法」という法律に定められている。しかし国籍法には「重国籍を認めない」と定めた条文はない。他方で、「重国籍を認める」と書かれた条文もない。では、国籍法は重国籍を認めているのか、いないのか。そして「日本は重国籍を認めていない」という常識（?）は何が根拠なのか。

今まで当然のように語られてきたこの前提を改めてよく考えてみたい。

しかし、その前に、そもそもなぜ重国籍が発生するのかを押さえておく必要がある。国籍は人間が作り出した制度なのだから、重国籍が許されないなら、最初から生じないように制度を作ればよいはずだが、どうやらそれができない事情があるようなのである。

†重国籍の発生は避けられない

結論から言うと、重国籍の発生は避けられない。

国籍とは、国家がその主権の及ぶ人的範囲を定めるための道具概念である。国家がその主権の及ぶ人的範囲をどのように定めるかはその国の主権にかかわることなので、他の国が干渉することはできない、とされている。つまり各国はそれぞれ、自国の国籍を持つ者の範囲を自由に決めることができ、他国による制限を受けない。これを「国内管轄の原則」(ときに「主権尊重の原則」)と呼び、国際法上確立したルールとなっている。

この国内管轄の原則を前提とするとどうなるか。もうおわかりの方も多いと思う。そう、A国とB国がそれぞれ国籍を持つ者の範囲を自由に決め、その範囲が重なり合ったときに、重国籍が発生するのである。

もっとも一般的な例としては、A国が血統主義(親が自国籍を持っていれば子もその国籍を承継する、という制度。日本など)、B国が出生地主義(自国の領土内で生まれた子には親の国籍にかかわらず自国の国籍を与える制度。米国など)の国であったとして、A国籍を持つ者がB国内で子を産んだ場合、子はA国籍とB国籍の二つの国籍を持つことになる。

また、今日では血統主義の中でも父母両系血統主義(父又は母のいずれかが自国籍を持っていれば子もその国籍を承継する、という制度)を採用する国が増えているが、同じく父母両系血統主義を採用するA国の国民とC国の国民が結婚し、その間に子が生まれれば、その子はA国籍とC国籍の二つの国籍を持つことになる。さらに、A国民とC国民の子が出生地主義のB国内で生まれれば、その子はA、B、Cの三つの国籍を持つことになる。

このように重国籍は「国内管轄の原則」によって不可避的・必然的に発生するものなのである。「国内管轄の原則」が国際法上の動かしがたい原則であることを考えるならば、国境を越えた人の移動が容易になり、国籍の異なるカップルの結婚が普通のこととなった今日では、生まれてくる子が重国籍であることはむしろ当たり前のこと、と言ってよいのではないかと思う。

†重国籍の防止・解消も困難

では、不可避的・必然的に発生する重国籍を防止・解消する方法はあるのだろうか。

理論的には二つの方法がある。一つは国際条約によって世界中の国が従うべき国籍の得喪に関するルールを定めることである。しかしこのような条約が非現実的であることは容易に推測できるだろう。そこでもう一つは、自国の法律で重国籍を防止・解消する方法である。簡単に言えば、国内法で「外国籍を取得した場合には自国の国籍の取得を認めない」という制度を作ることである。

これは一見すると簡単そうに見えるし、確かにこのような制度を作ることによって部分的に重国籍の発生を防止することは可能である。たとえば国籍法一一条一項は、自己の志望によって外国籍を取得した者の日本国籍を喪失させる、として重国籍の防止を図っている。けれども、この方法によって重国籍の発生をすべて防止し、あるいは解消しようとすると、難問が待ち構えている。

たとえば日本の国籍法の中に、一一条一項よりも適用範囲の広い「外国の国籍を取得した者は日本の国籍を取得しない」という規定を設けたとする。そうすると、日本人と外国人の夫婦の子は、たとえ日本国内で生活している夫婦の子であっても、すべて外国籍のみとなる。出生地主義の国で生活する日本人夫婦の間に子が生まれた時も、その子は日本国籍を取得しないことになる。あるいは、さらに重国籍防止を徹底するために、「日本国民が外国籍を取得したときは日本国籍を喪失する」という規定を設けたとしよう。ある国が

「自国民と結婚している外国人に国籍を与える」という法律を作ったら、それによってすでにその国の国民と結婚している日本国民は自動的にその国の国籍を取得する。そしてそれによって、日本国籍を（自動的に）失うことになる。

このように、一国の法律で重国籍の防止を徹底しようとすると、外国の法律によって自国民の範囲が左右されてしまうことになる。これでは「国内管轄の原則」を否定するに等しい結果となるので、どこの国も自国の法律のみで重国籍の防止を徹底することはできないのである。

具体的な例で見てみよう。中華人民共和国（中国）国籍法三条は「中華人民共和国は、中国の公民が二重国籍をもつことを認めない」と定めている。そして五条では、両親の双方または一方が中国国籍を持っていても、その子が外国で生まれ、出生時に外国籍を取得している場合には、子が中国の国籍を有しない場合があることを定めている。したがって、たとえば日本に定住している中国人と日本人の夫婦の子が日本で生まれた場合、子は日本国籍のみを取得し、中国国籍は取得しないことになる。ところが中国国籍法四条では「父母の双方又は一方が中国の公民で、本人が中国で生まれた場合は、中国の国籍を有する」とのみ規定している。そのため、中国人と外国人（たとえば日本人）の夫婦の子が中国国内で生まれた場合、中国国籍はこの規定によって取得し、外国籍（たとえば日本国籍）を取得するかどうかはその外国の国籍法次第、ということになり、中国国籍と外国籍との重国籍が発生することになる。中国国内で生まれ、出生時に外国籍を取得した子について、五条のように「中国の国籍を有しない」とするのはさすがに厳格すぎる、との判断からであろうが、このように重国籍を明文で禁止する中国の国籍法すら、重国籍を完全に防止することはできないし、していないのである。

かように重国籍の発生が避けられないこと、また重国籍を完全になくすことが不可能であることは、少なくとも国際法の研究者の間では常識になっていると思う（たとえば、永田誠「いわゆる「国籍唯一の原則」は存在するか」）。しかし、ちょっと考えてみれば自明なはずのこの「常識」が、どういうわけか、私たちにはきちんと伝わっていない。

重国籍は不可避的・必然的に発生するものであり、国際協調によっても、あるいは一国の制度によってもこれを完全に防止・解消することはできない。となれば、日本の国籍法で重国籍を「認める、認めない」という議論は意味がない。そう、国籍法は重国籍の存在を認めざるを得ないのである。

では、日本の国籍法は重国籍をどのように扱っているのか。先に述べたとおり、国籍法には「重国籍を認めない」という規定も「重国籍を認める」という規定もないが、国籍法の条文の中には、重国籍の発生や存在を前提としたものがいくつもある。世界中のすべての人が日本国民ならばともかく、現実には多くの国があるのだから、国籍制度は必然的に自国民とそれ以外の者との線引きをするための制度となる。その線引きが重なったところに重国籍が発生すると考えれば、国籍法が重国籍の存在を前提としていることは、当然と言えば当然である。

以下では、重国籍の発生・発生の防止・解消という三つの局面に分けて、国籍法が重国籍に対してどのような姿勢を持ち、どのように対応しようとしているかを見てみたい。

なお、以下で「○条○項」などと引用する条文は、特に断りのない限り、国籍法の条文である。また、国籍法の説明は、重国籍の発生やその防止、解消の問題に限定し、しかも分かりやすくなるようにかなり簡略化していることを、ご了解頂きたい。

†重国籍が発生するのはどんな場合か

重国籍が発生するのは、大きく分けて以下の三つの場合である。

1 出生による重国籍の発生
2 外国人が日本国籍を取得して重国籍になる
3 結婚などによる外国籍の取得

1については、生まれた子の両親のいずれか一方が日本国籍を持っていれば、子は日本国籍を取得する（二条一号）。もう一方の親の本国が「父母両系血統主義」であったら、子はその親の国籍も取得し、重国籍となる。また日本人を親に持つ子が「生地主義」の国で生まれた時は、生まれた国の国籍を取得し、やはり重国籍となる。

2は、さらに三つの場合に分けられる。一つめは、本章の冒頭で述べた、未婚の日本人父と外国人母の間に生まれ、父から認知を受けた者が届出によって（外国籍を持ったまま）日本国籍を取得して重国籍となる場合である（三条一項）。二つめは、これも先に述べた一二条の国籍留保届を出さずに日本国籍を喪失した子がその後に日本国内に住所を持つようになったときに、届出によって（外国籍を持ったまま）日本国籍を取得して重国籍となる場合である（一七条一項）。三つめは、日本に帰化申請をした外国人が、日本への帰化と同時に元の国籍を離脱することができない場合に、法務大臣が認めれば外国籍を持ったまま日本国籍を取得して重国籍となる（五条二項）。

なお、最後の帰化による重国籍について述べておくと、一般には「日本に帰化した者はすべて元の国籍を離脱している」と認識されており、この規定の存在はあまり知られていないが、実務上は決して例外的・特殊な取扱いではない。たとえば、平成二九年度の日本への帰化者一万三一五人（法務省HPより）のうち、元の国籍別の人数で三位のブラジルと四位のフィリピン（法務省に対する聞き取り調査。ただし、両国とも同年度の帰化者数は約三〇〇人程度）から帰化した人たちは、いずれも日本への帰化の際に元の国籍を離脱できないため、帰化によって重国籍となっているのである（もちろん日本政府も彼らが重国籍となることは分かった上で帰化を認めている）。

3については、外国の法律が、自国民と結婚した外国人や自国民の養子になった外国人、自国民が認知した外国人などに自動的に国籍を与える、としている場合、あるいは親の帰化に伴ってその子にも自動的に国籍を与える、としている場合（これらは、本人の意思によるのではなく法律の規定によって当然に国籍を与えられることから、「当然取得」と呼ばれる）に、このようにして外国籍を取得した人は、日本国籍との重国籍になる。

このように、国籍法は、出生や国籍取得の届出、さらには帰化によっても重国籍が発生することを広く認めている。特に届出による日本国籍取得に伴う重国籍の発生は、本人の希望で重国籍となることを認めている。これは「重国籍は認めない」という建前とは随分と違う扱いである。

†重国籍の発生の防止

一方で、国籍法には、重国籍の発生を防止するための規定もある。

国籍法は日本への帰化の条件として、元の国籍を離脱することを求めており（五条一項五号)、これによって重国籍の発生を防止している。ただし、前述したとおり、元の国籍を離脱できない場合は離脱しないまま帰化を許可することも容認している(五条二項、その結果重国籍になる)ので、帰化の際の重国籍の発生防止は徹底されていない。

次に、自己の志望によって外国の国籍を取得すると自動的に日本国籍を失うとされている(一一条一項)。「自己の志望」つまり本人の希望、とされているが、これは外国籍の取得についてであり、日本国籍の離脱を希望していることは条件になっていない。つまり、日本国籍を離脱する意思がなくても、本人の希望で外国籍を取得したら自動的に日本国籍を失うものとされている。

なお、先に述べた外国籍の「当然取得」は、外国の法律の規定によって自動的に国籍を与えられるものであって、本人の希望によって取得するものではないから、この規定は適用されず、日本国籍を失わない、とされている。

重国籍発生防止の三つ目は、外国で出生し国籍留保をしなかった子の国籍の喪失の制度である(一二条)。「出生により外国の国籍を取得した日本国民で国外で生まれた者」は、生まれてから三カ月以内に現地の日本領事館に国籍留保の届出をしないと、出生時から日本国籍がなかったものとして扱われる。その結果、出生から三カ月経過後は出生届も受け付けてもらえず、日本人親の戸籍にも記載されないことは、本章冒頭で触れた。ただし、国籍留保の届出をすれば日本国籍は維持でき、その結果重国籍となるので、ここでも重国籍の発生防止は徹底されてはいない。

このように、帰化の際の重国籍防止と、外国で生まれた子の重国籍防止は、制度の仕組みとして必ずしも徹底されているわけではない。これに対して、自己の志望によって外国籍を取得した場合だけは、例外なく日本国籍を喪失することになり、重国籍の発生防止が徹底されている。しかし、この制度（一一条一項）には多くの問題があり、先に述べたように、現在、この条文が憲法違反であると主張する裁判も起こされている（詳細は第五章参照）。

†重国籍の解消の制度

国籍法は、重国籍者に対して国籍の選択を義務づけ（一四条一項）、それによって重国籍を解消しようとしている。国籍法が定める国籍選択の方法は、以下の四つである。

一つ目は日本国籍の離脱である（一三条）。これは、無国籍の防止のために、重国籍であることが条件とされている。重国籍者が自分の意思で日本国籍を離脱することによって、重国籍が解消される。

二つ目は、外国籍の選択である（一一条二項）。外国の国籍選択の制度が、「自国の国籍を選択し、外国の国籍を放棄することを宣言する」という内容の場合に、この手続きに従って外国籍を選択すると、その時に日本の国籍を自動的に失う、とされている。単に「その国の国籍を選択する」という内容の手続ならば、それによって日本国籍を失うことはない。

三つ目は、外国籍の離脱である（一四条二項）。外国籍を放棄すれば日本国籍のみになるので、重国籍は解消される。但し日本の法律によって外国の国籍を喪失させることはできないし、その放棄を命じることも主権侵害のおそれがあるので、あくまでも本人の意思に委ねられる。

四つ目は、日本国籍の選択宣言である（一四条二項）。この選択宣言とは、「日本の国籍を選択し、かつ、外国の国籍を放棄する旨の宣言」というもので、「日本国籍の選択」と「外国籍の放棄」の二つの内容を含んでいる。けれども、この選択宣言によって自動的に外国籍が消滅するわけではないので、それだけでは重国籍は解消されない。

そこで、日本国籍の選択宣言をした者は、外国籍の離脱に努めなければならない、とされている（一六条）。但し、これは強制力のない「訓示規定」あるいは「努力規定」である。本人の意思による国籍離脱を認めない国があるから、というのがその理由だ。実際には、国籍の離脱ができる国かどうかや、本人が外国籍の離脱に向けた努力をしているかどうかを、日本政府が調査するわけではない。外国籍を離脱しないからといって、日本国籍を失うなどのペナルティがあるわけでもない。

重国籍者が期限までに国籍選択をしなくても、罰則はない。その代わりに、期限までに国籍選択をしない者に対して、法務大臣は、国籍選択をするよう催告することができ、催告を受けてから一ヵ月以内に国籍選択をしないと日本国籍を喪失する、という「選択催告」制度が設けられている（一五条）。

ただし、この選択催告は一九八四年に制度が作られてから、一度も行われたことがない。その理由について、日本政府は国会で「国籍を喪失するということは、その人にとって非常に大きな意味がありますし、家族関係等にも大きな影響を及ぼすというようなことから、これは相当慎重に行うべき事柄である」と説明している（平成一六年六月二日第一五九回衆議院法務委員会における房村精一政府参考人〈法務省民事局長〉の答弁）。また、日本弁護士連合会が法務省に対して行った照会に対しても、「国籍選択の履行は、複数国籍者の自発的な意思に基づいてなされるのが望ましい」と回答している（日本弁護士連合会「国籍選択制度に関する意見書」一〇頁）。

†重国籍の存続も想定する国籍法

このように、国籍法は重国籍者に対して国籍選択を義務づけ、それによって重国籍の解消を図る、という建前をとっている。けれども、国籍選択の四つ目の方法として先に紹介した、「日本国籍の選択宣言」を行った場合、外国籍の離脱は強制力のない努力義務にとどまるので、実際には外国籍を離脱せず、重国籍が解消されないまま残ることがある。この外国籍の離脱を努力義務にとどまるとしたことで、重国籍の最終的かつ完全な解消が不可能であることを、国籍法は想定していたものと言えるだろう。

また、日本政府は法務省のＨＰなどで「国籍選択は重国籍者の大切な義務です」と国籍選択を呼びかけるが、それ以上に重国籍者に対して国籍選択を積極的に働きかけるわけでもない。そもそも日本政府は、個々の重国籍者を把握していないので、個別に働きかけることもできない。前述のように国籍選択をしない人に対する「選択催告」も行っていない。日本政府も重国籍の解消に決して積極的とは言えないのである。

このように見てくると、国籍法は、重国籍の発生を広く認める一方で、その解消のための制度も設けつつ、最終的に重国籍が解消されずに存続する事態も想定している、と結論づけることができる。

最終的に重国籍を解消するためには本人の意思に反してでもこれを強制しなければならなくなるが、国籍法がそのような制度を採用しなかったのは、「国籍をいずれか一つに絞るというのは本人にとって重要なことだから本人の自発的な意思に任せるべき」という思想に基づくものと考えられる。そして、先に引用した国会答弁から分かるように、日本政府も重国籍の解消に対するこのような国籍法の思想に従っているものと考えられる。

「選択」という言葉には、もともと複数のもののうちの一つを選び、残りのものを除外する、というニュアンスがある。だから「国籍の選択」というと日本国籍か外国籍かの二者択一と捉えられやすい。けれども実際には、国籍選択制度は日本国籍か外国籍か、だけでなく、日本国籍を選択しつつ外国籍も維持することも「選択肢」として認めている。このことはもっと認識されるべきだと思う。

†日本の重国籍をめぐる議論には柔軟性がない

国籍法は、重国籍を解消するための手立てを設けつつ、最終的には一定の範囲で重国籍状態の人が残ることを想定している。またすでに述べたとおり、そもそも重国籍の発生防止や解消を完全に実現することは不可能である。それにもかかわらず、「重国籍は望ましくないからなくすべきである」ということが昔から、そして今でも言われている。

歴史的に見て、重国籍が避けられるべきもの、解消されるべきものとして扱われてきたことは事実である。それは、重国籍それ自体が問題というよりも、重国籍に伴って生じる弊害を除去・回避すべき、という観点から論じられてきたようである。

重国籍にはどのような弊害があるとされてきたのか、その弊害は本当に現実に起こりうるものなのか、という点は、第六章で詳しく述べられているとおりである。

君主に忠誠を誓うことでその保護を得るという支配服従関係の下にあった中世封建主義時代や、戦争によって国際紛争を解決しようとしていた二〇世紀前半までの時代は、確かに国民が複数の国家に従属すると不都合なことがあったかもしれない。しかしこのような考え方は過去のものになりつつある。

今日の社会において、本当に重国籍を回避すべき理由があるのだろうか。

いま、日本にはおよそ九〇万人の重国籍者がいるとされる。加えて、過去に重国籍者であったことがあり、その後国籍選択等で重国籍を解消した人も含めれば、重国籍者の延べ数は一〇〇万人を優に超える数になるだろう。過去から現在に至るまでの間、これだけの重国籍者が存在していたにもかかわらず、重国籍が原因となって先に挙げたような深刻な事態が生じたことは、これまで一度もない。もちろんこれからもこれらの問題が深刻なトラブルとして発生する可能性がまったくないとは言わないが、発生するかどうかも分からないレアケースのために、あらかじめ日本国籍を失わせ、あるいは外国籍を離脱させて、重国籍をなくしておく必要があるのだろうか。もし万が一これらのトラブルが発生しても、その時その問題に対処すれば足りるのではないか。

ただ、世界的に重国籍を容認する国が増えつつあるといっても、何でもかんでも重国籍オーケー、というわけではない。たとえば出生による重国籍を広く認めるのは、日本を含め多くの国の法制度が採用するところであるが、他方で帰化の際には元の国籍の保持に一定の制限をかける国も依然として少なくないようである。外国で生まれ、本国と何の接点も持たない者の国籍を解消させる制度も、少なからぬ数の国が何らかの形で採用している。これは重国籍の解消というよりも「形骸化した国籍の解消」と言った方が適切かもしれない。

このように、重国籍の容認といっても、あらゆる場合に無条件に重国籍を認める、という意味ではない。国籍の取得のどのような場面で、どこまで重国籍を認めるか、重国籍を制限するならばどのような必要性があって制限するのか、それぞれの国が、自国の実情に応じて制度を作らなければならない。「重国籍を認める・認めない」という単純な議論ではないのである。

残念ながら、日本では「重国籍は全部ダメ」か、あるいは「重国籍完全自由化」というような単純な二者択一の議論が目立つ。中には「議論」とすら言えないような感情的な発言も散見される。今の日本の現状をもっと冷静かつ現実的に把握し、これから日本という国家をどのようにデザインしていくか、という視点から、分析的に議論をしなければならないのではないか、と思う。

†重国籍はずるい？

最後に、重国籍に対して「二つの国籍を持っているのはずるい」という意見について考えたい。ずるい、というのは法的な表現ではないが、仮に国民感情として存在するならば、重国籍の解消を求める圧力となるだろう。

最初に私たちが理解しておくべきなのは、国籍はその人のアイデンティティを構成する大事な要素の一つである、ということである。日本国内で暮らしていると、国籍を実感することはほとんどない。けれども外国で暮らす日本人からは、日本国籍に対する愛着というか、あたかも国籍が自分の肉体や精神の一部分であるかのような感覚を聞くことが少なくない。他方で自分の意に反して国籍を失った人が「自分の半身を失ったようだ」と訴え、片方の親の国籍であるのにそれが認められない人が「自分は完全ではない」と感じる、ということを何度も聞いたことがある。人は、生まれ育った故郷に抱くような愛着を自分が元々持っていた国籍に対して持ち、それが自分の一部であり存在の拠りどころであると感じることを、覚えておかなければいけないと思う。

その上で場面を分けて、この「ずるい」という感覚について考えてみたい。まず、もともと日本国籍だけを持つ人が外国に帰化する場合だ。一般的に帰化は誰にでも認められるわけではなく、その国が受け入れるに値すると判断した人に認められるものだ。つまり本人は、その国で一生懸命に働き、社会の構成員として認められるための努力を払い、その結果として帰化が認められ、外国籍を取得することができるのである。これは紛れもなく本人の努力の成果であり、「ずるい」と非難される筋合いのものではないだろう。もしそれをうらやむならば、自身も帰化にトライすればよいだけであり、それもせずに座して非難するのは、ねたみ以外の何物でもない。もともと持っていた国籍は自分のアイデンティティに関する部分。新たに手に入れたもう一方の国籍は、自分がよりよく生きるために努力して獲得した成果。いずれも手放すことができないものである。

次に、生まれながらの重国籍の場合、両親の国籍や、あるいは生まれ育った場所の国籍であり、自分の存在や人格の形成と分かちがたく結びついたものであって、まさにアイデンティティの一部分である。しかも、生まれながらの重国籍は生まれた時の条件で自動的に定まったものであり、自分では選びようがなかったものである。彼らにとって、自分たちに選択の余地のなかった事柄について「ずるい」と言われるのは、逆に理不尽である。「ずるい」という感覚の背景には、その国の国籍を持っていたらいいな、という漠然とした願望めいたものがある。もしある人が持っている外国籍が、普通の人が必ずしも「持っていたらいいな」と思わないもの、たとえば内戦やテロが続く国の国籍だったり、最貧国と言われる国の国籍だったりしたら、果たして人は「ずるい」と非難するだろうか。こう考えると、「ずるい」という非難自体も、結構身勝手なものだという気もする。

それでも「ずるい」という感覚が払拭できない人もいるかもしれない。「ずるい」というのは、普通の人が得られない特別な利益を持っていることに対する感情だと思う。それは「本来許されないのに、日本国籍のほかに外国籍も持っている」という否定的な感情である。

ならばむしろ、「重国籍は認められる」という前提で考えてみたらどうだろうか。たとえば重国籍を広く認めている国ならば、「重国籍はずるい」という感覚自体、生まれないのではないかと思う。日本でも「重国籍は認められる」ならば日本国籍を持っていながら外国籍を取得しても、あるいは生まれながらに日本国籍と外国籍の両方を持っていても、「ずるい」ということにはならないだろう。

現実社会において出自に様々な格差があることは常識であり、その不平等の中には、たとえば経済的な不平等のように富の再分配によって是正することが可能な場合もある。しかし、持って生まれた重国籍という差異を再分配して平等にすることは不可能であるし、重国籍と単一国籍の「不平等」を解消するために重国籍をなくす、というのは「平等」のあり方として正しいとは言えないだろう。単一国籍も重国籍も、その人が持って生まれた個性であり、あるいは努力して獲得した成果であって、尊重されるべきである。その前提として、生まれながらの重国籍を認めている国籍法の内容をきちんと理解し、さらに努力の成果としての重国籍の保持を許容する制度に変えていく必要があると思う。

終　章

国籍に向き合う私たち

――関聡介（弁護士）

本書に登場する当事者の人々は、複数の「国籍」の狭間において様々な問題を抱え、不安定で不安な状態に置かれている。しかも、それはかなり深刻な状況である。

「権利を得るための権利」（第六章）との表現に象徴されるように、現代社会においても「国籍」こそが、依然として各種の権利を享受するための基盤であることに変わりはない。選挙権・被選挙権をはじめとして、様々な権利は「国民」に対してまずもって保障されているのであり、「国民」ではない人々に保障される権利は、往々にして在留資格によって制限を受けるなど、限定的で不安定である。

加えて、国籍は、それぞれの人のアイデンティティに直結している。そのため、国籍が不安定になるということは、往々にして、その人のアイデンティティの揺らぎへと繫がってしまう。

現在の日本の国籍法制やそれを前提とした行政や社会の取扱いの下においては、複数国籍者は、意に沿わない国籍の選択・離脱を強いられたり、国籍について曖昧で不統一な取扱いを受けたり、時には否定的な世論に晒されたりしている。その結果として、諸権利の基盤が不安定になり、自らのアイデンティティの礎がぐらつくなどの困難な状態に置かれてしまうのだ。

†一夜にして不法滞在の外国人扱い

国籍が個人の人生にもたらす影響の大きさを、私が目の当たりにした事案がある。

その事案の当事者は、日本人父と韓国人母との間に日本で生まれた男性である。他の日本の子どもたちとまったく同じように小・中・高・大学と進学し、就職した。しかし、戸籍上の「日本人父」は生物学上の父ではなく、生物学上の父である別人(この人も日本人)の下で育てられた、という案件であった。

三〇歳代になったこの男性は、戸籍を実態に合わせたいと考え、家庭裁判所の手続きを経て、「日本人父」との親子関係否定の判断を受けた。そうしたところ、「日本人父」との関係が切れて、出生時に遡って日本国籍が否定され、戸籍から消除されてしまったのである。育ての父からの認知も、日本国籍を回復する効力までは持たないと知ったときには、後の祭りであった。

のみならず、日本政府からは、「韓国籍の不法滞在者」という扱いをされ、入国管理局の退去強制手続きを受けるという事態に陥った。つまり、それまで、日本「国民」として三〇年以上も社会生活を営み、選挙の投票も欠かさずに行ってきたその男性は、一夜にして、不法滞在の外国人扱いになったのである。

男性は、選挙権どころか国民健康保険や国民年金の加入権すら否定され、入国管理局の収容施設にいつ収容されてもおかしくない地位へ転落した。日本国籍こそが日本で生活する際の諸権利の基盤であると、改めて痛感させられる事態であった。

のみならず、この男性は自分が何者であるか、ということにつき大きな悩みを抱えることになった。「日本人」として生まれ育ち、韓国とは実質的な繫がりを持たずに三〇年以上生きてきたにもかかわらず、突然、「生まれたときから韓国人であった」と日本の行政当局から指摘されてアイデンティティ喪失状態になった男性は、私のもとに相談に訪れた時には、文字どおり茫然自失となり途方に暮れていた。

最終的には、在留特別許可とさらに帰化許可も得て、この男性は数年後に日本国籍を回復したが、あくまでも将来に向けての日本国籍の付与であり、本当の意味での回復ではない。生まれてから帰化許可を受けるまでは「(単一国籍の)韓国人であった」というのが日本政府の立場であり、男性の人生や経歴は、国籍の変動によって強制的に塗り替えられたままとなった。

前章までに触れられた典型的な複数国籍者の事案とは少し趣を異にするものの、国籍が個人の人生のありとあらゆる局面に対していかに大きな影響をもたらすかを、改めて認識していただける事案ではないかと思う。

†各章のキーワードから見えてくるもの

話を本書に戻して、前章までの内容を振り返りたい。

各章では、大坂なおみ氏や蓮舫氏の置かれた状況を踏まえつつ、複数国籍者をとりまく多岐にわたる様々な問題点が指摘された。それぞれの研究者的・実務家的・当事者的な視点から多角的な分析がされているため、読者も少し目が回ってしまったかもしれないし、理解しやすい部分としにくい部分とが混在していると感じたかもしれない。

そこで、改めて、各章で述べられている内容の中から、心に引っかかった言葉(キーワード)を抜き出した。各執筆者が指摘する問題点の共通項が浮かび上がってくることが期待できると考えたからである。

これらのキーワードを見ていると、複数国籍者が、日本の国籍法の規定によって意に反して国籍を選ぶことや捨てることを強いられたり、日本の役所で手続きを行うたびに、その都度異なる取扱いや曖昧な説明を受けたり、ともすれば世論のバッシングに晒されたりして、諸権利の保障という面でもアイデンティティという面でも、常に、不安で不安定な緊張状態に晒され続けている姿が目に浮かぶ。

植民地支配以降の歴史的経過と「一つの中国」という政治的な要素が加わった、中華民国籍（台湾）に関連する当事者については、事態はさらに複雑かつ深刻である。個人では解決不可能な難題が当事者に降りかかってきており、それが公の場で噴出したのが蓮舫氏問題であった、ということであろう。

重国籍をめぐるキーワード
- 国籍＝「権利を得るための権利」
- 国籍唯一の原則 ←→ 国籍自由の原則
- 現実と齟齬をきたす国籍法の運用
- グレーゾーン
- 国のあやふやな態度
- ちぐはぐなメディア
- 「国籍を二つ持つのはずるい」という先入観
- バッシングと賛同
- アイデンティティ・クライシス
- 本人の努力では超えられない齟齬

†問題の元凶は何か

キーワードから浮かび上がった問題をもう少し詳しくみてみたい。

一口に「複数国籍者（二重国籍者・多重国籍者）」といっても、その態様は様々である。不正確さが残ることを承知で、少し大胆に分類してみると——

A　生まれながらに二重国籍（日本国籍＋外国国籍）である当事者
B　生まれたときは日本国籍で、その後、外国国籍も取得した当事者（国際結婚など）
C　生まれたときは外国国籍で、その後、日本国籍も取得した当事者（帰化など）

の三類型が、本書が取り上げる複数国籍者をほぼカバーしていると思える。

たとえば、大坂なおみ氏はAであり、第五章の「国籍はく奪違憲訴訟」で取り上げた原告らはBと分類して良いであろう。蓮舫氏は、日本・中華民国両国の国籍法改正の影響を受けていて複雑な様相を呈しているが、現行法制の下で生まれたとすれば、Aである。では、Cはと言えば、もともと外国籍を有していたが、一定年齢に達してから帰化許可を受けて日本国籍を得たという当事者が、その典型である。

さらに、その延長上には、

T　台湾関係当事者独自の問題

が挙げられる。つまり、ABCとは別に、さらに、台湾との関連を有する当事者は、追加的な困難と混乱に晒されているのである。

各章で指摘された主な問題点を中心に、このABC+Tの類型別に整理してみると、以下のように考えられよう。

Aについて「留保」の問題＝留保手続を怠ると、日本国籍が消えてしまう……①

Aについて「選択」の問題＝二二歳までに日本国籍の選択を迫られる……②

Bについて「剥奪」の問題＝自己の志望で外国国籍を取得したことを理由に、日本国籍を喪失したものとされる……③

Cについて「離脱」に伴う問題＝帰化許可にあたり、原国籍の離脱が強いられる。また、帰化許可の内定段階で原国籍の離脱を強いる実務により、少なくとも一時的に無国籍状態となる……④

Tについて「不統一」「曖昧」の問題＝日本の行政手続毎に、国籍国に関する取扱いが不統一だったり曖昧だったりする……⑤

つまり、複数国籍者に不安で不安定な状態を発生させる「元凶」としては、右の①〜⑤がまずもって挙げられるということになろう。これらの「元凶」をなくすための解決策が探られなければならない。

†「留保」「選択」の解決策は

まず、Aの①②として整理した「留保」制度・「選択」制度に関しては、何をどのようにして解決すべきであろうか。

すでに述べてきたように「留保」制度は、国籍法一二条と戸籍法一〇四条によって定められている。

◆戸籍法一〇四条

一項　国籍法第一二条に規定する国籍の留保の意思の表示は、出生の届出をすることができる者（第五二条第三項の規定によつて届出をすべき者を除く。）が、出生の日から三カ月以内に、日本の国籍を留保する旨を届け出ることによつて、これをしなければならない。

二項　前項の届出は、出生の届出とともにこれをしなければならない。

三項　天災その他第一項に規定する者の責めに帰することができない事由によつて同項の期間内に届出をすることができないときは、その期間は、届出をすることができるに至つた時から一四日とする。

つまり、日本国外で生まれた子が、外国国籍を生来的に取得する場合には、原則として生後三カ月以内に届出しなければ日本国籍を失うという制度である。国籍法一七条によって国籍の再取得という途は存在するものの、届出に関する年齢・住所制限のほか、あくまでも届出以後の将来に向けての日本国籍取得であることなど、制約も多い。

したがって、国籍法一二条が当事者に対してもたらす日本国籍喪失という結果は極めて重大であるが、他方で、この「留保」制度の存在が世間に周知されているとは言いがたい。また、結局のところ届出で再取得を認めるのであれば、留保しなかった当事者の国籍をわざわざ一律に否定する意義も見出しがたい。

そして、あまり知られていないが、二〇〇八年の最高裁大法廷の国籍法違憲判決を踏まえて改正された現在の国籍法三条一項との不均衡も無視できない。たとえば、改正後の三条一項では、外国人母から米国で生まれた婚外子は、日本人父から二〇歳までに認知を受ければ、たとえその子が日本に一度も住まなくても届出により日本国籍が取得できる。

これに対し、日本人夫婦間の嫡出子が、米国で生まれて三カ月以内に国籍留保をしなかった場合には、その子が二〇歳までに「日本に住所を有する」状態で届出しなければ日本国籍が取得できないのである。三条一項の改正により、一二条の不合理性は、結果として、また一歩強まってしまった。

加えて、日本人の人口は減少に転じて久しい中、二〇一九年度から本格的に開始された外国人労働者受入れ政策に象徴されるように、日本政府は小さな国家を目指すのではなく、人口を維持する方向性を打ち出しているという事情もある。つまり、その方向性との関係でも、日本国籍はできる限り維持される方向で取扱う方が、国家の基本的態度としても一貫する。

したがって、中長期的には、留保制度を定めた国籍法一二条自体を廃止すべきであろう。また、少なくとも短期的には、戸籍法一〇四条一項の届出期間を大幅に延長し、かつ、届出期間の例外要件（同三項）も大幅に緩和する改正を行うことによって、不留保による日本国籍喪失者をできる限り減らすことが求められる。

次に、A②の「選択」制度であるが、これについては本書を通じて詳述されたとおり、複数国籍者に対して、二二歳までに一つの国籍の選択を強制するという点で、個人に与える不利益が大きく、その弊害は見過ごすことができない。

また、かりに複数国籍者が日本国籍の「選択」宣言を行ったとしても、当該複数国籍者の外国籍には何ら直接的な影響は及ばず、「離脱」の努力義務が生じるだけという構造になっているので（国籍法一六条）、重国籍防止の仕組みとしても非常に中途半端である。そして、これに関連する国籍法一五条の選択の「催告」制度が長年にわたり封印され続けており、実際にも、数十万人もの複数国籍者が選択を行わないままに長年にわたる生活を積み重ねている現実がある。

他方、大坂なおみ氏をはじめとする各界の第一人者である複数国籍者に対して、二二歳という微妙な年齢をデッドラインとして、いわば踏み絵を踏ませるという「選択」制度は、一定割合の複数国籍者を日本国籍から離脱する方向へと誘導しかねず、人口減少社会に対する日本政府の対応方針との矛盾以上に、日本社会全体に大きな喪失（感）と打撃をもたらすリスクが否定できない。

豊かな才能を持つ複数国籍者が日本国籍を「選択」し（てくれ）たとしても、外国籍からの離脱の努力義務を果たしているか否かというような面倒な問題に巻き込まれることとなり、本来の目標に向かって傾注すべきエネルギーが削がれるリスクも無視できない。

このように考えると、グローバル化が進んで様々な形の複数国籍者が発生する一方で、人口減少問題に直面する日本が、その国籍法制において選択「催告」〜「選択」〜「離脱」努力、という一連の手続きを維持すべき必要性と相当性は今や大きく減退し、国籍法一四〜一六条はデメリットの方が大幅に大きい状態に至っているというべきであろう。そうであるならば、一四〜一六条は廃止すべきとの結論とならざるを得ない。

そこで、まずは長年にわたって実体を失っている「催告」制度を直ちに廃止し、その上で、過渡期的に選択制度を残すのであれば、「選択」を任意の制度として残し、自己の真意に基づいて敢えて「選択」した当事者に対してのみ、「離脱」の努力義務が発生するという部分に限局した制度へと縮小し、残りの部分は廃止する法改正を行うのが妥当な線であろうと考える。

†国籍「剝奪」問題の解決策は

次に、B③として整理した「剝奪」、すなわち、自己の志望で外国国籍を取得したことを理由に日本国籍を喪失扱いされてしまうという国籍法一一条の制度に関しては、第五章で書かれたことに尽きる。

この国籍法一一条の規定内容自体が憲法に反していると言うべきであり、実質的に見ても、一一条は、既に長年日本国籍者として生きてきた当事者に対して、その意図に反して突然日本国籍を一方的に剝奪し、引き返す余地を与えないという点で、一二条以下の諸規定と比較しても、突出して凶暴で危険な規定であるといわざるを得ない。したがって、現在進行中の裁判による違憲判断を待つまでもなく、その廃止は急務である。

意図せぬ形で日本国籍を喪失してしまう〝犠牲者〟がこれ以上発生することを防ぐための緊急対応としては、一一条一項の「自己の志望によつて外国の国籍を取得」という要件の実務上の解釈を厳格に絞り込むとともに、「自己の志望」があるか否かの確認を極めて厳密に行う制度運用を行う、という対策が考えられる。一一条二項の「外国の法令によりその国の国籍を選択した」という要件についても、同様の厳格化が求められるところである。

†帰化に伴う原判決「離脱」に関する問題の解決策は

引き続いて、C④の帰化に伴う国籍の「離脱」について考えてみよう。

現行国籍法の規定（五条一項五号）に基づき、帰化許可にあたっては、元々有していた国籍（原国籍）からの離脱が求められている。

しかしながら、当事者のアイデンティティに与える影響への意識の高まりや、人材のグローバル化の進展、そして日本の人口減少社会への対応の必要性などを踏まえれば、今やこの規定自体の見直しが検討されるべき時機が到来しているのではないだろうか。日本国籍の取得を希望する有為な人材や日本社会に十分に定着した人材が、原国籍を捨てる決心がつかずに帰化申請を躊躇したり、泣く泣く原国籍を捨てて日本に帰化したりするという現状は、改善が必要であろう。すなわち、これについて定めた国籍法五条一項五号の見直しの議論が待たれるところである。

その点はひとまずおくとしても、現行の五条一項五号関連の運用面における喫緊の課題というべきものが、帰化内定段階の原国籍離脱という問題である。

この問題は、具体的には、外国籍者が日本国籍の取得を希望して帰化申請を行った場合の法務局の実務の取扱いにおいて発生する問題だ。現在の帰化の手続きは、各地の法務局の国籍担当部署を窓口として行われているが、そこでは、帰化の許可が内定した段階で、元々有していた外国国籍（原国籍）からの離脱証明書の提出が原則として求められている。つまり、日本国籍の取得が正式許可される前に、元々有していた外国国籍からの離脱手続を強いられる実務となっているのである。その理由は「兎にも角にも一瞬たりとも二重国籍状態を発生させたくない」こと以外には見出しがたい。

しかし、少し考えればわかることだが、このような実務は必ず一定数の悲劇を生み出す。帰化許可の内定段階で原国籍から離脱して（一時的）無国籍状態となった当事者が、その後発生・判明した事情により、帰化不許可の結論となり、そのまま文字どおりの「無国籍者」となってしまうケースである。

実際にもこのような悲劇が発生していることは、私が一部執筆を担当した『日本における無国籍者――類型論的調査』（国連難民高等弁務官駐日事務所、二〇一七年一二月）の中でも紹介されている。

「国籍」の重要性に鑑みれば、無国籍発生の防止は、重国籍発生の防止よりもはるかに優先度が高い。しかも、国籍法五条一項五号の文言を見ても、帰化許可に先立って原国籍を離脱することは要件とされていない。実際、相当数の外国は日本国籍の正式取得、すなわち帰化許可以前の離脱を認めていない。無国籍発生防止の観点からは当然である。そして、そのような国の国籍を有する当事者の場合には、法務局も事前の離脱証明書の提出を求めない実務をとっている。しかも、帰化許可後の離脱の努力義務についての規定も置かれていない。極めて中途半端な取扱いと言わざるを得ないのである。

第三章において、台湾の国籍法でも法改正がなされて原国籍離脱証明の提出時期が帰化許可後で構わないとされたことが紹介されていたが、日本の場合は国籍法五条一項五号の改正を行うまでもなく、解決策は、法務局が日本国籍取得前の外国籍の離脱を求める現在の取扱いを改めることに尽きる。

†台湾の「不統一」「曖昧」な取扱いの解決策は

最後に、T⑤として整理した、中華民国の国籍に関連する日本の行政機関の取扱いの不統一や曖昧さについて考えてみよう。

中華民国籍を有する当事者（ここでは便宜上「台湾当事者」と表記）の国籍は、すでに見てきたように、日本の植民地支配の影響を受けて歴史的に変遷を遂げており、現状においては、国籍と戸籍とが交錯する独自の特色を有している。このことが問題の複雑化に拍車をかけていることは否めない。

とはいえ、本書で取り上げた蓮舫氏をはじめとする台湾当事者が不安定な状況に置かれている原因は、やはり主として日本側の実務の取扱いにあると言わざるを得ない。具体的には日本政府や行政機関の場当たり的で「不統一」な取扱いと、その取扱い自体の「変遷」、さらには中国と中華人民共和国、台湾と中華民国といった用語使い分けの「曖昧さ」などの問題点が、各章の指摘の中から浮かび上がっている。

台湾政府発行の国籍喪失届を受理しない実務。台湾の帰化許可を受けた日本人の日本国籍離脱を認めない実務。日本人と台湾当事者との間に台湾で生まれた子について中華人民共和国国籍法の適用を前提に日本国籍の留保を要求する実務。戸籍や運転免許証において台湾出身者の国籍を「中国」と記載する実務。これらはいずれも、中華民国籍の国籍性を実質的に「否定」しているものと評価される。

他方、いわゆる日台ハーフの当事者からの国籍選択宣言を受理する実務。台湾当事者からの帰化申請手続で中華民国籍からの離脱を指示する実務。台湾当事者の身分行為等において中華民国法を準拠法として取扱う実務。在留カードの国籍地域欄に台湾と記載する実務。これらは、いずれも中華民国籍の国籍性を実質的に「肯定」しているものと評価される。

ほぼすべて、日本の法務省の所管に含まれる手続きであるにもかかわらず、まったく統一されていない対応である。台湾当事者にしてみれば、日本政府の「一つの中国」という外交上の姿勢により、中華民国国民として扱われたり、中華人民共和国国民とみなされたり、どちらとも言えない「中国」の符号を付けられたり、と翻弄されることになってしまう。この状態が長年ずっと続いているのである。

このような混乱した実務を蔓延させている法務省自らも混乱に陥っていることは、第一章、二章で紹介した『戸籍時報』での法務省職員の解説記事における見解と、蓮舫氏問題において法務省が記者発表した見解との食い違いにも見てとれる。台湾当事者が被る甚大な不利益は早期に解消することが急務だ。

解消の方向性としては、日本政府の「一つの中国」という外交上の姿勢と、日本国内の行政実務における台湾当事者の取扱いとを、思い切って切り離すことが現実的である。

前述のとおり、すでに多くの行政手続場面では、中華民国が存在することを前提として台湾当事者の手続きが支障なく処理されている。中華民国旅券で出入国する当事者が、中華民国関係法令を準拠法として取扱われている現実のもとでは、台湾当事者の取扱いについては、中華民国籍を「肯定」する方向へと統一するしか現実的な選択肢は考えられず、その逆は考えられない。

したがって、台湾政府発行の国籍喪失届を受理し、帰化許可を受けた日本人の日本国籍離脱を認め、戸籍や運転免許証において台湾当事者の国籍を「中華民国」あるいは単に「台湾」と記載する等への実務の転換を実施し、台湾当事者の日本国内行政実務上の取扱いを統一すべきである。

†国籍法全体の見直しを

ここまで述べてきたことを、最後におさらいしておきたい。

キーワードから浮かび上がった問題点ABCTとの関係では、

A①→国籍「留保」制度の廃止（国籍法一二条。不留保による国籍喪失の廃止）

②→選択「催告」制度の廃止（一五条）、「選択」制度自体の廃止（一四条、一六条）または任意の「選択」制度へと縮小

B③→外国国籍取得による日本国籍自動「剝奪」（一一条）の廃止

C④→帰化に伴い原国籍「離脱」を強いる規定の見直しと、帰化許可内定段階で原国籍「離脱」を要求する行政実務の廃止（五条一項五号関連）

T⑤→台湾当事者について、日本の行政手続上、中華民国の存在を前提とする実務に統一というのが、本書の提言である。

ただ、ここまで整理してみるとわかることは、結局は国籍法一一条以下の条文の多くが廃止や抜本的見直しを免れないということであり、それはすなわち、グローバル化と価値観の多様化が進んだ現代社会において、旧態依然とした国籍法全体のオーバーホールが必要な時期がきたことを意味している。

蓮舫氏問題や大坂氏問題によって社会一般に複数国籍者を巡る課題が認識された今こそ、「国籍唯一の原則」自体も含んだ国籍法制全体の抜本的見直しが、議論されなければならないのである。

そこでは、複数国籍自体を「完全に解禁」するという考え方もあろう。とはいえ、内閣総理大臣などについてまで複数国籍を認めるということは、相当数の異論も予想されるところである。では、国務大臣はどうなのか、国会議員はどうなのかと、踏み込んだ議論がなされるべきである。蓮舫氏問題は、本来であれば、このような議論を行う格好の契機であったはずだが、蓮舫氏の代表辞任をもって、再び議論は封印されてしまった感がある。それではいけない。

国籍法自体は複数国籍を完全に解禁した内容としつつ、現在の外務公務員のように、一部の官職等の就任要件（欠格事由）という形で必要最小限の複数国籍制限を特別法で設ける、といった立法手法についても、具体的に検討することが望まれる。オープンな議論が行われることを通じて、現在散見される複数国籍者に対するいわれのないバッシングも収束して行くことが期待できよう。

本書が、国籍法、とりわけ複数国籍をめぐる国民的な議論の契機を生み出す一助となることを、執筆者一同願ってやまない。

あとがき

――鈴木雅子（弁護士）

国籍の問題には、それなりに関心や知識を持っているつもりだった。二重国籍を正面から認めようとしない政府や裁判所の論拠はおよそ説得的でなく、世界的な趨勢をみても、日本でも二重国籍は容認の方向にいずれは行くであろうと楽観してもいた。

ところが、蓮舫氏の国籍の問題が生じたとき、台湾の歴史的経緯や外交関係が複雑に絡み、メディアの記事は一向に要領を得ず、正直に言えば、私自身はリアルタイムではついていけなかった。そうこうしているうちに、二重国籍が悪であるかのような論調がどんどん高まり、蓮舫氏がついに戸籍謄本まで公開し、二重国籍ではないと「潔白を証明」して、そのまま議論は尻すぼみになった。

あの騒ぎはいったい何だったのか？　あのままでよいのか？　という疑問が、私たちが国籍問題研究会として活動を始めるきっかけとなった。

国籍問題研究会は、国籍問題や台湾問題に関心を有していたジャーナリストや弁護士らが、蓮舫氏の国籍を巡る問題が注目を集めていたころから意見交換を始めたことに端を発し、二〇一八年二月、公益財団法人日弁連法務研究財団の助成を得て、正式に発足した。そして、台湾の国籍問題における当事者的立場にある方たちや現在国籍を巡る訴訟を扱っている弁護士、研究者などにもかかわってもらい、二〇一八年四月二八日には、日本プレスセンターで、『「二重国籍」と日本」と題するシンポジウムを開催した。本書は、このシンポジウムにおける発表をベースとしつつ、これにそれぞれの執筆者が大幅に加筆し、意見交換を重ねて出版に至ったものである。

どのような人を国民と定めるかは、その国民の意識を多分に反映すると言われる。この国民と「非」国民を分けるラインを、日本では狭く狭く引こうとされてきたように見える。その一つの表れが、本書で取り扱った二重国籍を巡る問題である。

第一部では、あれほど「二重国籍」を批判された蓮舫氏が、日本の国籍法と法務省の従前の見解にしたがえば、国籍離脱はおろか、国籍選択すら行う必要がなかったと考えられることが、第二部では、二重国籍を認めないという建前を支える論拠も明確でないことが、それぞれ明らかになっている。その陰で、外交関係や一貫しない取扱いに台湾出身者が翻弄され、また、出生以来ずっと日本人として生きてきた人が、知らないうちに突如として日本人でなくなるという事態を、読者のみなさんはどのように受け止められただろうか。

本書が、国籍問題に関心を持つ人や当事者だけでなく、蓮舫氏問題に何となくすっきりしない思いを持っている人、二重国籍に否定的な考えや印象を持つ人など、多くの人に届き、国籍のあり方の議論のきっかけになることを願っている。

最後に、私たち研究会の活動を可能にしていただいた日弁連法務研究財団、出版の機会と献身的なサポートをいただいた筑摩書房編集部と担当の松本良次氏に、心からの感謝をささげたい。

国籍法

昭和二五年五月四日　法律第一四七号
　施行　昭和二五年七月一日
改正　昭和二七年七月三一日　法律第二六八号
　昭和五九年五月二五日　法律第四五号
　平成五年一一月一二日　法律第八九号
　平成一六年一二月一日　法律第一四七号
　平成二〇年一二月一二日　法律第八八号
　平成二六年六月一三日　法律第七〇号

（この法律の目的）
第一条　日本国民たる要件は、この法律の定めるところによる。

（出生による国籍の取得）
第二条　子は、次の場合には、日本国民とする。
一　出生の時に父又は母が日本国民であるとき。
二　出生前に死亡した父が死亡の時に日本国民であつたとき。
三　日本で生まれた場合において、父母がともに知れないとき、又は国籍を有しないとき。

（認知された子の国籍の取得）
第三条①　父又は母が認知した子で二十歳未満のもの（日本国民であつた者を除く。）は、認知をした父又は母が子の出生の時に日本国民であつた場合において、その父又は母が現に日本国民であるとき、又はその死亡の時に日本国民であつたときは、法務大臣に届け出ることによつて、日本の国籍を取得することができる。

② 前項の規定による届出をした者は、その届出の時に日本の国籍を取得する。

（帰化）

第四条① 日本国民でない者（以下「外国人」という。）は、帰化によつて、日本の国籍を取得することができる。

② 帰化をするには、法務大臣の許可を得なければならない。

第五条① 法務大臣は、次の条件を備える外国人でなければ、その帰化を許可することができない。

一 引き続き五年以上日本に住所を有すること。

二 二十歳以上で本国法によつて行為能力を有すること。

三 素行が善良であること。

四 自己又は生計を一にする配偶者その他の親族の資産又は技能によつて生計を営むことができること。

五 国籍を有せず、又は日本の国籍の取得によつてその国籍を失うべきこと。

六 日本国憲法施行の日以後において、日本国憲法又はその下に成立した政府を暴力で破壊することを企て、若しくは主張し、又はこれを企て、若しくは主張する政党その他の団体を結成し、若しくはこれに加入したことがないこと。

② 法務大臣は、外国人がその意思にかかわらずその国籍を失うことができない場合において、日本国民との親族関係又は境遇につき特別の事情があると認めるときは、その者が前項第五号に掲げる条件を備えないときでも、帰化を許可することができる。

第六条 次の各号の一に該当する外国人で現に日本に住所を有するものについては、法務大臣は、その者が前条第一項第一号に掲げる条件を備えないときでも、帰化を許可することができる。
一　日本国民であつた者の子（養子を除く。）で引き続き三年以上日本に住所又は居所を有するもの
二　日本で生まれた者で引き続き三年以上日本に住所若しくは居所を有し、又はその父若しくは母（養父母を除く。）が日本で生まれたもの
三　引き続き十年以上日本に居所を有する者

第七条　日本国民の配偶者たる外国人で引き続き三年以上日本に住所又は居所を有し、かつ、現に日本に住所を有するものについては、法務大臣は、その者が第五条第一項第一号及び第二号の条件を備えないときでも、帰化を許可することができる。日本国民の配偶者たる外国人で婚姻の日から三年を経過し、かつ、引き続き一年以上日本に住所を有するものについても、同様とする。

第八条　次の各号の一に該当する外国人については、法務大臣は、その者が第五条第一項第一号、第二号及び第四号の条件を備えないときでも、帰化を許可することができる。
一　日本国民の子（養子を除く。）で日本に住所を有するもの
二　日本国民の養子で引き続き一年以上日本に住所を有し、かつ、縁組の時本国法により未成年であつたもの
三　日本の国籍を失つた者（日本に帰化した後日本の国籍を失つた者を除く。）で日本に住所を有するもの
四　日本で生まれ、かつ、出生の時から国籍を有しない者でその時から引き続き三年以上日本に住所を有するもの

第九条　日本に特別の功労のある外国人については、法務大臣は、第五条第一項の規定にかかわらず、国会の承認を得て、その帰化を許可することができる。

第一〇条①　法務大臣は、帰化を許可したときは、官報にその旨を告示しなければならない。

② 帰化は、前項の告示の日から効力を生ずる。

(国籍の喪失)

第一一条① 日本国民は、自己の志望によつて外国の国籍を取得したときは、日本の国籍を失う。

② 外国の国籍を有する日本国民は、その外国の法令によりその国の国籍を選択したときは、日本の国籍を失う。

第一二条 出生により外国の国籍を取得した日本国民で国外で生まれたものは、戸籍法(昭和二十二年法律第二百二十四号)の定めるところにより日本の国籍を留保する意思を表示しなければ、その出生の時にさかのぼつて日本の国籍を失う。

第一三条① 外国の国籍を有する日本国民は、法務大臣に届け出ることによつて、日本の国籍を離脱することができる。

② 前項の規定による届出をした者は、その届出の時に日本の国籍を失う。

(国籍の選択)

第一四条① 外国の国籍を有する日本国民は、外国及び日本の国籍を有することとなつた時が二十歳に達する以前であるときは二十二歳に達するまでに、その時が二十歳に達した後であるときはその時から二年以内に、いずれかの国籍を選択しなければならない。

② 日本の国籍の選択は、外国の国籍を離脱することによるほかは、戸籍法の定めるところにより、日本の国籍を選択し、かつ、外国の国籍を放棄する旨の宣言(以下「選択の宣言」という。)をすることによつてする。

第一五条① 法務大臣は、外国の国籍を有する日本国民で前条第一項に定める期限内に日本の国籍の選択をしないものに対して、書面により、国籍の選択をすべきことを催告することができる。

② 前項に規定する催告は、これを受けるべき者の所在を知ることができないときその他書面によつてす

ることができないやむを得ない事情があるときは、催告すべき事項を官報に掲載してすることができる。この場合における催告は、官報に掲載された日の翌日に到達したものとみなす。

③ 前二項の規定による催告を受けた者は、催告を受けた日から一月以内に日本の国籍の選択をしなければ、その期間が経過した時に日本の国籍を失う。ただし、その者が天災その他その責めに帰することができない事由によつてその期間内に日本の国籍の選択をすることができない場合において、その選択をすることができるに至つた時から二週間以内にこれをしたときは、この限りでない。

第一六条① 選択の宣言をした日本国民は、外国の国籍の離脱に努めなければならない。

② 法務大臣は、選択の宣言をした日本国民で外国の国籍を失つていないものが自己の志望によりその外国の公務員の職（その国の国籍を有しない者であつても就任することができる職を除く。）に就任した場合において、その就任が日本の国籍を選択した趣旨に著しく反すると認めるときは、その者に対し日本の国籍の喪失の宣告をすることができる。

③ 前項の宣告に係る聴聞の期日における審理は、公開により行わなければならない。

④ 第二項の宣告は、官報に告示してしなければならない。

⑤ 第二項の宣告を受けた者は、前項の告示の日に日本の国籍を失う。

（国籍の再取得）

第一七条① 第十二条の規定により日本の国籍を失つた者で二十歳未満のものは、日本に住所を有するときは、法務大臣に届け出ることによつて、日本の国籍を取得することができる。

② 第十五条第二項の規定による催告を受けて同条第三項の規定により日本の国籍を失つた者は、第五条第一項第五号に掲げる条件を備えるときは、日本の国籍を失つたことを知つた時から一年以内に法務大臣に届け出ることによつて、日本の国籍を取得することができる。ただし、天災その他その者の責めに帰することができない事由によつてその期間内に届け出ることができないときは、その期間は、これを

することができるに至つた時から一月とする。

③　前二項の規定による届出をした者は、その届出の時に日本の国籍を取得する。

（法定代理人がする届出等）

第一八条　第三条第一項若しくは前条第一項の規定による国籍取得の届出、帰化の許可の申請、選択の宣言又は国籍離脱の届出は、国籍の取得、選択又は離脱をしようとする者が十五歳未満であるときは、法定代理人が代わつてする。

（行政手続法の適用除外）

第一八条の二　第十五条第一項の規定による催告については、行政手続法（平成五年法律第八十八号）第三十六条の三の規定は、適用しない。

（省令への委任）

第一九条　この法律に定めるもののほか、国籍の取得及び離脱に関する手続その他この法律の施行に関し必要な事項は、法務省令で定める。

（罰則）

第二〇条①　第三条第一項の規定による届出をする場合において、虚偽の届出をした者は、一年以下の懲役又は二十万円以下の罰金に処する。

②　前項の罪は、刑法（明治四十年法律第四十五号）第二条の例に従う。

（『六法全書』有斐閣）

成人年齢の変更に伴い、平成三〇年六月二〇日法律第五九号（施行日令和四年四月一日）による改正後は、条文中の「二十歳」とある部分は「十八歳」に、「二十二歳」とある部分は「二十歳」に、それぞれ改められます。

参考文献

阿部浩己『無国籍の情景――国際法の視座、日本の課題』UNHCR駐日事務所、二〇一〇年（http://www.unhcr.org/jp/wp-content/uploads/sites/34/2017/06/StatelessStudy.pdf）
新垣修『無国籍条約と日本の国内法――その接点と隔たり』UNHCR駐日事務所、二〇一五年（https://www.unhcr.org/jp/wp-content/uploads/sites/34/protect/Statelessness_Conventions_and_Japanese_Law.pdf）
江川英文・山田鐐一・早田芳郎『国籍法〔第三版〕』有斐閣、一九九七年
遠藤正敬『戸籍と国籍の近現代史――民族・血統・日本人』明石書店、二〇一三年
奥田安弘『国籍法と国際親子法』有斐閣、二〇〇四年
奥田安弘・館田晶子共訳「ヨーロッパ国籍条約（1987年）」奥田安弘編訳『国際私法・国籍法・家族法資料集――外国の立法と条約』中央大学出版部、二〇〇六年
奥田安弘『家族と国籍――国際化の安定のなかで』明石書店、二〇一七年
何義麟「戦後在日台湾人の法的地位の変遷――永住権取得の問題を中心として」『現代台湾研究』四五号、二〇一四年
木棚照一『逐条註解　国籍法』日本加除出版、二〇〇三年
グザヴィエ・フィリップ、植野妙実子・兼頭ゆみ子訳「非常事態と国籍剝奪措置」『比較法雑誌』五〇巻三号、二〇一六年
近藤敦『多文化共生と人権――諸外国の「移民」と日本の「外国人」』明石書店、二〇一九年
近藤敦『外国人の人権と市民権』明石書店、二〇〇一年

武田里子「複数国籍の日本ルーツの子どもたちの存在から問う「国のあり方」」『国際地域学研究』二〇号、二〇一七年
田代有嗣『国籍法逐条解説』日本加除出版、一九七四年
趙慶済「韓国の新しい国籍法――外国国籍不行使誓約を中心に」『立命館法学』三三二号、二〇一〇年
陳天璽・大西広之・小森宏美・佐々木てる『パスポート学』北海道大学出版会、二〇一六年
陳天璽「国籍法と重国籍・無国籍」華僑華人の事典編集委員会編『華僑華人の事典』丸善出版、二〇一七年
陳天璽・近藤敦・小森宏美・佐々木てる編著『越境とアイデンティフィケーション――国籍・パスポート・IDカード』新曜社、二〇一二年
陳來幸「在日台湾人のアイデンティティと国籍選択」前掲『華僑華人の事典』
辻村みよ子・山元一ほか編『概説 憲法コンメンタール』信山社、二〇一八年
鶴園裕基「すれ違う「国」と「民」――中華民国／台湾の国籍・パスポートをめぐる抵抗」陳來幸ほか編『交錯する台湾認識――見え隠れする「国家」と「人びと」』勉誠出版、二〇一七年
テイハン法令編纂部戸籍実務研究会編『戸籍六法』テイハン、各年版
永田誠「いわゆる「国籍唯一の原則」は存在するか」『日本法學』五一巻四号、一九八六年
日本加除出版法令編纂室編『戸籍実務六法』日本加除出版、各年版
日本司法書士会連合会渉外身分登録検討委員会編『渉外家族法実務からみた在留外国人の身分登録』民事法研究会、二〇一七年
パトリック・ヴェイユ、宮島喬・大嶋厚・中力えり・村上一基訳『フランス人とは何か――国籍をめぐる包摂と排除のポリティクス』明石書店、二〇一九年
法務省民事局民事第一課職員「国籍相談№368 日本人男性と台湾人女性との間に嫡出でない子として

出生した子の日本国籍取得について」『戸籍時報』№579、二〇〇五年
法務省民事局民事第一課職員「国籍相談№437日本人男性と4親等の傍系血族である台湾人女性との婚姻が無効である場合における両者間に出生した子の日本国籍の取得について」『戸籍時報』№741、二〇一六年
法務省民事局第五課職員「中国との関係では、どのような場合に二重国籍となりますか」『新しい国籍法・戸籍法――一問一答』日本加除出版、一九八五年
光田剛「忘れられた国家、中華民国」光田剛編『現代中国入門』ちくま新書、二〇一七年
無国籍研究会『日本における無国籍者――類型論的調査』UNHCR駐日事務所、二〇一七年（https://www.jlf.or.jp/work/kenkyu_results.shtml）
日本弁護士連合会「国籍選択制度に関する意見書」二〇〇八年（https://www.nichibenren.or.jp/library/ja/opinion/report/data/081119_3.pdf）
平成十六年六月二日第百五十九回衆議院法務委員会会議録三十三号（http://www.shugiin.go.jp/internet/itdb_kaigirokua.nsf/html/kaigirokua/000415920040602033.htm）
Maastricht Centre for Citizenship, Migration and Development（マーストリヒト大学　国籍・移民及び開発研究センター）ウェブサイト（https://macimide.maastrichtuniversity.nl/dual-cit-database/）

執筆者紹介（あいうえお順）

●岡野翔太（おかの・しょうた）
大阪大学大学院人間科学研究科博士後期課程。兵庫県神戸市生まれ。父は一九八〇年代に来日した台湾人、母は日本人。小学校、中学校と華僑学校で学ぶ。専門は華僑華人研究、台湾現代史、中国近現代史。とくに在日華僑や台湾人の戦後史に関心をもって研究を行っている。近著に『交錯する台湾認識』（共編著、勉誠出版、二〇一六年）、「去殖民化中在日台灣人身份定位的再建構」（『台灣史學雜誌』〔二四〕、二〇一八年六月）などがある。

●小田川綾音（おだがわ・あやね）
弁護士（第一東京弁護士会所属、二〇〇九年登録）。日本弁護士連合会（日弁連）人権擁護委員会特別委嘱委員。二〇一四年に無国籍研究会を立ち上げ、難民や無国籍者の問題に取り組んでいる。二〇一七年に刊行された無国籍研究会著『日本における無国籍者――類型論的調査』（国連難民高等弁務官〔UNHCR〕駐日事務所刊）の編集代表を務めた。

●近藤博徳（こんどう・ひろのり）
弁護士（東京弁護士会所属、一九九一年登録）。日弁連人権擁護委員会特別委嘱委員。国籍法三条一項違憲訴訟第二事件（二〇〇八年六月四日最高裁大法廷判決）の原告代理人を務める。

●鈴木雅子（すずき・まさこ）
弁護士（東京弁護士会所属、一九九九年登録）。日弁連人権擁護委員会委員、外国人ローヤリングネットワーク（LNF）共同代表、全国難民弁護団連絡会議世話人、国際人権法学会理事などを務める。弁護士登録以来、移民、難民の問題に取り組んでいる。

●関聡介（せき・そうすけ）
弁護士（東京弁護士会所属、一九九三年登録）。日弁連人権擁護委員会特別委嘱委員、LNF共同代表などを務める。二〇一五～一七年度司法研修所刑事弁護教官、二〇〇七～一四、一八年度成蹊大学法科大学院客員教授。近著に、「日本の難民認定制度をめぐる近時の動向と課題」（『別冊　環』24号、二七四～二八一頁、二〇一九年）、「鑑定資料の残量廃棄・全量消費（全量費消）の問題点――2件の薬物事件を例に」（『成蹊法学』九〇号、三一三～三三二頁、二〇一九年）、『日本における無国籍者――類型論的調査』（共編著、二〇一七年）などがある。

●大成権真弓（だいじょうごん・まゆみ）
居留問題を考える会会長。台湾・台北市在住。萬國法律事務所勤務、台湾日本人会監事。広島大学大学院法学修士、米国ペンシルベニア大学法学修士（LLM）。LLM取得後、台湾で台湾人の同級生と結婚し、経済部投資業務処勤務の後、出産を機に退職。一九九七年頃より外国籍配偶者の永久居留権の法制定促進活動に参加。一九九九年一月居留問題を考える会発足以来ボランティア活動を開始し現在に至る。著作に「台湾における結婚移住女性とその家族に対する政策」（『グローバル時代における結婚移住女性とその家族の国際比較研究』第十一章、学術叢書、二〇一三年）などがある。

●館田晶子（たてだ・あきこ）
北海学園大学法学部教授。専門は憲法学。国民概念、外国人の人権、マイノリティの権利等について研究している。論文「国家による個人の承認」岡田信弘・笹田栄司・長谷部恭男編著『憲法の基底と憲法論』（信山社、二〇一五年）、共訳「ヨーロッパ国籍条約（1997年）」奥田安弘編訳『国際私法・国籍法・家族法資料集』（中央大学出版部、二〇〇六年）などがある。

●仲晃生（なか・てるお）
弁護士（京都弁護士会所属）。日弁連人権擁護委員会特別委嘱委員。「国籍はく奪条項違憲訴訟弁護団」の事務局長を務める。複国籍の容認を求める国会請願署名活動を継続中の「複国籍PT」（旧称IST請願の会、http://kouenkai.org/ist/index.html）の副代表。

●野嶋剛（のじま・つよし）
ジャーナリスト。大東文化大学特任教授。一九六八年生まれ。上智大学新聞学科卒。一九九二年、朝日新聞社入社。二〇〇一年からシンガポール支局長。その間、アフガン・イラク戦争の従軍取材を経験する。政治部、台北支局長、国際編集部次長、AERA編集部などを経て、二〇一六年四月からフリーに。『ふたつの故宮博物院』（新潮選書、二〇一一年）、『ラスト・バタリオン　蔣介石と日本軍人たち』（講談社、二〇一四年）、『台湾とは何か』（ちくま新書、二〇一六年）、『タイワニーズ　故郷喪失者の物語』（小学館、二〇一八年）など著書多数。

●国籍問題研究会とは
蓮舫氏問題を契機に、二〇一七年、弁護士・ジャーナリスト・研究者らにより結成された任意団体。本書執筆者のほか、法曹関係者として髙橋済、久保田祐佳、研究者として付月（茨城大学准教授）らを擁する。日弁連法務研究財団の研究番号一三八号（「国籍法の二重国籍に関する規定の運用実態及び諸問題に関する調査研究――台湾出身者の国籍法上の「国籍」判断を契機として」）として、助成を受けた。この助成により、二〇一八年四月二八日に、シンポジウム「『二重国籍』と日本」を東京において開催したが、本書は、そのシンポジウム及びその後の研究成果を踏まえて、一般読者向けに取りまとめたものである。

ちくま新書
1440

二重国籍《にじゅうこくせき》と日本《にっぽん》

二〇一九年一〇月一〇日　第一刷発行

編　者　国籍問題研究会(こくせきもんだいけんきゅうかい)

発行者　喜入冬子

発行所　株式会社 筑摩書房
東京都台東区蔵前二-五-三　郵便番号一一一-八七五五
電話番号〇三-五六八七-二六〇一(代表)

装幀者　間村俊一

印刷・製本　株式会社 精興社

ISBN978-4-480-07257-3 C0232

1185 台湾とは何か 野嶋剛
国力において圧倒的な中国・日本との関係を深化させる台湾。日中台の複雑な三角関係を波乱の歴史、台湾の社会・政治状況から解き明かし、日本の針路を提言。

1193 移民大国アメリカ 西山隆行
止まるところを知らない中南米移民。その増加への不満がいかに米国社会を蝕みつつあるのか。米国の移民問題の全容を解明し、日本に与える示唆を多角的に分析する。

1240 あやつられる難民 ――政府、国連、NGOのはざまで 米川正子
いま世界の難民は国連と各国政府、人道支援団体の間で翻弄されている。難民本位の支援はなぜ実現しないのか。アフリカ現地での支援経験を踏まえ、批判的に報告する。

1241 不平等を考える ――政治理論入門 齋藤純一
格差の拡大がこの社会に致命的な分断をもたらしている。不平等の問題を克服するため、どのような制度を共有すべきか。現代を覆う困難にいどむ、政治思想の基本書。

1372 国際法 大沼保昭
いまや人々の生活にも深く入り込んでいる国際法。「生きた国際法」を誰にでもわかる形で、体系的に説き明かした待望の入門書。日本を代表する研究者による遺作。

925 民法改正 ――契約のルールが百年ぶりに変わる 内田貴
経済活動の最も基本的なルールが、制定から百年を経て抜本改正されようとしている。なぜ改正が必要とされ、具体的に何がどう変わるのか。第一人者が平明に説く。

1355 日本が壊れていく ――幼稚な政治、ウソまみれの国 斎藤貴男
「モリ・カケ」問題、官僚の「忖度」、大臣の舌禍事件……。政治の信頼を大きく損ねる事件が、なぜこれほど続くのか？ 日本の政治が劣化した真因を考える。

ちくま新書

ちくま新書

1291 日本の人類学
山極寿一・尾本恵市
人類はどこから来たのか？　ヒトはなぜユニークなのか？　東大の分子人類学と京大の霊長類学を代表する二大巨頭が、日本の人類学の歩みと未来を語り尽くす。

1395 こころの人類学 ――人間性の起源を探る
煎本孝
人類に普遍的に見られるこころのはたらきはどこで生まれたのか。カナダからチベットまで、半世紀にわたり世界を旅した人類学者が人間のこころの本質を解明する。

1410 死体は誰のものか ――比較文化史の視点から
上田信
死体を忌み嫌う現代日本の文化は果たして普遍的なのか。チベット、中国、キリスト教、ユダヤ――。来るべき多死社会に向けて、日本人の死生観を問い直す。

1227 ヒトと文明 ――狩猟採集民から現代を見る
尾本恵市
人類はいかに進化を遂げ、文明を築き上げてきたか。遺伝人類学の大家が、人類の歩みや日本人の起源を多角的に検証。狩猟採集民の視点から現代の問題を照射する。

1126 骨が語る日本人の歴史
片山一道
縄文人は南方起源ではなく、じつは「弥生人顔」も存在しなかった。骨考古学の最新成果に基づき、歴史学の通説を科学的に検証。日本人の真実の姿を明らかにする。

1169 アイヌと縄文 ――もうひとつの日本の歴史
瀬川拓郎
北海道で縄文の習俗を守り通したアイヌ。その文化から日本列島人の原郷の思想を明らかにし、日本人にとって、ありえたかもしれないもうひとつの歴史を再構成する。

1022 現代オカルトの根源 ――霊性進化論の光と闇
大田俊寛
多様な奇想を展開する、現代オカルト。その根源には「霊性の進化」をめざす思想があった。19世紀の神智学から、オウム真理教・幸福の科学に至る系譜をたどる。

ちくま新書

746
安全。でも、安心できない…
――信頼をめぐる心理学
中谷内一也
凶悪犯罪、自然災害、食品偽装……。現代社会に潜むリスクを「適切に怖がる」にはどうすべきか？　理性と感情のメカニズムをふまえて信頼のマネジメントを提示する。

757
サブリミナル・インパクト
――情動と潜在認知の現代
下條信輔
巷にあふれる過剰な刺激は、私たちの情動を揺さぶり潜在脳に働きかけて、選択や意思決定にまで影を落とす。心の潜在性という沃野から浮かび上がる新たな人間観とは。

802
心理学で何がわかるか
村上宣寛
性格と遺伝、自由意志の存在、知能のはかり方……。これらの問題を考えるには科学的方法が必要だ。俗説や疑似科学を退け、本物の心理学を最新の知見で案内する。

981
脳は美をどう感じるか
――アートの脳科学
川畑秀明
なぜ人はアートに感動するのだろうか。モネ、ゴッホ、フェルメール、モンドリアン、ポロックなどの名画を題材に、人間の脳に秘められた最大の謎を探究する。

1321
「気づく」とはどういうことか
――こころと神経の科学
山鳥重
「なんで気づかなかったの」など、何気なく使われるこの言葉を手掛かりにこころの不思議に迫っていく。注意力が足りない、集中できないとお悩みの方に効く一冊。

1423
ヒューマンエラーの心理学
一川誠
仕事も勉強も災害避難の判断も宝くじも、直感はもちろん熟考さえも当てにならない。なぜ間違えてしまうのか。錯覚・錯視の不思議から認知バイアスの危険まで。

1202
脳は、なぜあなたをだますのか
――知覚心理学入門
妹尾武治
オレオレ詐欺、マインドコントロール、マジックにだまされるのは、あなたの脳が、あなたを裏切っているからだ。心理学者が解き明かす、衝撃の脳と心の仕組み。